何があっても「大丈夫。」と思えるようになる

自己肯定感の教科書

中島輝

Nakashima Teru

SB Creative

プロローグ

あなたの「自己肯定感」は今どうなっている？

この本を手にとってくださり、ありがとうございます。
心理カウンセラーの中島輝です。

突然ですが、ここでテストをしたいと思います。
本書を読み進める前に、ぜひ試してみてください。

1

次の図をよくご覧ください。

2

さて、前のページの図と似ている図はどっちですか？

A

B

いかがでしたか？

Aを選んだあなた

今あなたは、自己肯定感の高いポジティブな感情に満ちています。**大きな視点（ここでは全体で三角形）で物事を見ることができるということは、心にゆとりがある状態**です。ただ、自己肯定感は下がったり、上がったりするもの。本書のトレーニングで自己肯定感を盤石《ばんじゃく》なものにしましょう。

Bを選んだあなた

今あなたは比較的、自己肯定感の低いネガティブな感情を抱えています。**小さな視点（ここでは1つ1つの四角）に意識が向かうということは、視野が狭まっているということ。**そういうときは、些細なことに傷ついたり、怒りが湧いてきたり、心が安定しません。

どちらを選んだとしても、安心してください。大丈夫です。自己肯定感は、誰でもいつからでも高められるものです。

本書で、何があっても「大丈夫。」と思える自分をつくっていきましょう。

最近、なんとなく
うまくいっていない……と感じたら

改めまして、心理カウンセラーの中島輝です。

あなたが「自己肯定感」というキーワードに惹かれ、本書を開いたのなら、きっと心のどこかでこんなふうに自分の変化を感じとっているのではないでしょうか？

「最近、なんとなくうまくいっていないな」
「何が原因かわからないけど、モヤモヤした気持ちが消えないな」
「昔に比べて、人付き合いが面倒くさく感じるな」
「朝起きると、体も気分も重くて、起き上がるのがしんどいな」

仕事や学校に行けない、家事ができない、食事がとれない、誰とも話したくない……というほど、深刻ではないものの、いつもの自分に比べるとどこかヘン。何か落ち着かない感覚が続いている。

こうした変化の原因は、自己肯定感が備えている1つのやっかいな特徴と関係しています。

その特徴とは、**自己肯定感が状況によって高まったり、低まったりすること**です。

もし、自己肯定感がつねに一定に保たれる性質のものであれば、私たちが抱える人生の悩みの多くは消え去り、カウンセラーの必要はなくなり、安心感に満ちた楽しい暮らしになるはずです。

「自己肯定感」とは、つまり**自分が自分であることに満足し、価値ある存在として受け入れられること**。言わば、私たちの人生の軸となるエネルギーです。

自己肯定感という感情のエネルギーがあれば、日々の生活のなかで、「楽しい！」「大丈夫！」と思えることが多くなります。

ところが、自己肯定感は人生の軸となるエネルギーにもかかわらず、高くなる日もあれば、低くなったまましばらく停滞《ていたい》してしまうこともあります。しかも、その高低がダイレクトにあなたの物事の考え方や行動力、判断力に強い影響を与えるのです。

アメリカで行われた心理学の研究によると、私たちは1日に6万回の思考をおこなっているそうです。これは起きている時間、1秒に1回、何らかの思考をしながら生きている計算になります。

しかも、その6万回のうち約80パーセント、約4万5000回は、身を守るためのネガティブな思考になりがちであるということもわかっています。

1日24時間、8時間の睡眠をとっているとして、**3秒に2回は身を守るためにネガティブな考えがよぎっている**ことになるわけです。

だからといって、ネガティブな考えを持つことが悪いわけではありません。

大丈夫かな？　できるかな？　危ないかな？　疲れちゃうかな？　……といった考えは、あなたを失敗や危険から遠ざけ、あなたを助けてくれる大切な信号です。問題は、そのあなたを助けてくれる信号を受けたとき、自己肯定感が高いか、低いかにあるのです。

仮にあなたが今、ダイエットをしているとしましょう。

開始から数日が過ぎた金曜日の夜、友達に誘われ、外食をしました。気がゆるんで、ついつい揚げ物を食べてしまい、デザートまで完食。自己肯定感が低い状態であれば、食べてしまった事実によって心が揺れ、「ダイエットに失敗した……」と落ち込みます。そして、もうどうにでもなれと翌日から過食に走ってしまう可能性すら出てきます。

しかし、自己肯定感が高い状態であれば、「今夜はダイエットを小休止。十分楽しんだから、また明日からがんばろう」と気持ちを切り替えられます。自分の行為の肯定的な側面を見ることができ、ダイエットを続けることができます。

あるいは、大切な企画案を提出する会議に5分ほど遅れて会議室に入ったとしましょう。あなたが席に座ると、すぐに上司と目が合いました。

自己肯定感が低いときは、「ヤバい。怒っている？　睨まれている？」と不安になり、緊張し、仕事を苦痛に感じます。ところが、自己肯定感が高いときは「私の企画案、期待されている？」と前向きに解釈できるのです。

人間関係においても相手の肯定的な側面を見ることができ、その上司との関係性もよくすることができます。

自己肯定感が低くなってしまうと、私たちの心はちょっとした出来事でも揺れ動き、気分が沈みやすくなり、行動は消極的になります。言わば、自分に自分で「NO」と言っているような状態です。つまり、ありとあらゆる出来事を否定的にネガティブに捉《とら》えてしまうのです。

逆に**自己肯定感が高い状態にあると、物事を前向きに解釈することができ、気持ちが安定し、積極的に行動することができる**ようになります。

ですから、あなたのなかで冒頭に示したような「最近、なんとなくうまくいっていないな」「何が原因かわからないけど、モヤモヤした気持ちが消えないな」という変化が起きているとしたら、それは**自己肯定感が低くなっているサイン**です。

何かおかしいな？と気づけたら自己肯定感回復のチャンス

その落ち込みは、自己肯定感の低下からくる一時的なものかもしれません。

しかし、こうした自己肯定感低下のネガティブな感情を放ったらかしにしておくと、**「自動思考の罠」という負のループに陥ってしまう可能性**もあるのです。

■本やドキュメンタリー番組に刺激を受け、何か新しいことにチャレンジしようと思っても、「どうせまた失敗するから」と行動にブレーキをかけてしまう。

■折り合いの悪い上司には何を提案しても否定されると思い、「嫌な気分になるからやめておこう」と意見を出さなくなってしまう。

■好きな人ができても過去の手痛い失恋の傷を思い出してしまい、「またつらくなるのは嫌だから、1人が気楽」と自分に言い聞かせてしまう。

自動思考の罠に陥ると、このように後ろ向きな判断で行動が消極的になり、自分や周囲に対するネガティブな感情が高まり、自己肯定感は低空飛行を続けてしまうのです。

ただ、ここで注目してもらいたいのは、「　　」で示した「どうせまた失敗するから」、「嫌な気分になるからやめておこう」、「またつらくなるのは嫌だから、1人が気楽」という部分。もし、あなたの友だちがこんなフレーズをこぼしつつ悩みを相談してきたら、どんなふうにアドバイスするでしょうか。

きっと、こんなふうに伝えてあげるのではないかと思います。

「不安になる気持ちはすごくよくわかるけど、でもさ、実際にどうなるかはやってみないとわからないいんじゃない？」

私たちは自分の内面で起きたことを客観視するのが苦手です。でも、友だちや家族など、誰かのことなら客観的に見ることができます。

ですから、自動思考の罠にハマっているのが友だちなら、「不安な気持ちはわかるけど」「実際にどうなるかはやってみないとわからない」と、「感情と行動は別ですよ」とアドバイスすることができるのです。

じつはこのやりとりをあなたの内面でおこなえるようになることこそ、自己肯定感とうまく付き合うスタート地点となります。自己肯定感のレベルは自分で知ることができ、自分で調整可能なのです。

自己肯定感の低下はゆっくりと進むという特徴もあります。ネガティブな負のループは、じわじわとあなたを自動思考の罠に陥《おとしい》れ、いつも自分で自分に「NO」と言ってしまう状態に固定化させていきます。

だからこそ、**大切なのは「あれ、なんかおかしいな？」と気づくこと**です。

「以前は楽しかったのに、最近、あの人と会うと必ず、口げんかのようになってしまう……おかしいな?」

「以前はよく笑っていたのに、最近、ドラマや映画を見ても、感動することがなくなってきた気がする……おかしいな?」

「以前は素直に話を聞けたのに、人から親切にしてもらっても、裏があるように感じてしまう……おかしいな?」

「以前は気にならなかったのに、電車やバスでマナーを守らない人を見かけると、落ち着かない気持ちになってしまう……おかしいな?」

そんなふうに自分で「あれ、なんかおかしいな」と感じることができたら、それは自己肯定感の変化に気づけた証です。

大丈夫。自己肯定感の変化に気づけたときこそ、自分で状況を変えるチャンスがやってきたサインです。

自己肯定感が勝手に高まるトレーニングとは？

気がつけたあなたは、安心してください。自分の変化を察知する優れたセンサーを持っています。

「最近、なんとなくうまくいっていないな」「何が原因かわからないけど、モヤモヤした気持ちが消えないな」と気づき、**「自己肯定感」という言葉をタイトルにした本を手にしている時点で、状況は好転している**と言えます。

本書でお伝えしていく自己肯定感を高めるためのアクションを起こしていくことで状況を変えることができるのです。

この本では、自己肯定感を自然に高めるための方法をふんだんに紹介していきます。たとえば、今まさにつらい、どうもうまくいかないと悩んでいる人は第3章から読み始めてください。そこには今すぐとり組むことのできる自己肯定感を高める手法が書かれています。

風邪の治療にたとえるなら、第3章で紹介している手法は発熱や咳などに即効性のある風邪薬のようなもの。すぐに試すことができ、自己肯定感の好転を実感することができます。

そこで、「気持ちが切り替えられたかも」、「効果があるかも……」と感じ、「自己肯定感ってどんなものか知りたい」と思ったら、ぜひ第1章から読んでみてください。

第1章では、あなたのメンタルの状態をチェックしてもらいつつ、自己肯定感についてしっかりと解説していきます。

続く第2章では、自己肯定感がなぜ高くなったり、低くなったりと変化するのか。その理由と原因になっている〝6つの感〟について紹介していきます。

風邪を引くにしても、のど、鼻、だるさなど、出やすい初期症状は人によって異なります。**自己肯定感の変化も人によってきっかけとなる出来事には違いがあり、大きく分けて6つの感情の変動が関係している**のです。

そして、第4章では自己肯定感を安定させる3つのトレーニングを紹介します。

自己肯定感が下がり始めるサインにすばやく確実に気づく方法や落ち込み始めた気分を復活させるための対策、自分で自分に「YES」と言える人になるための習慣など、心理学や脳科学のエビデンスに基づいたトレーニングになっています。

これは言わば、**風邪予防の習慣づくり**のようなもの。手洗い、うがいのような対策で風邪そのものを引きづらい健康的な体になる方法を詳しく解説します。

じっくり第1章から読み進めていただいても、第3章の実践的な手法を試してもらってもかまいません。

大切なのは、あなたの自己肯定感が高まることだからです。大丈夫。自己肯定感はいつからでもつくることができます。いつからでも高めることができます。

人生の軸が安定し、幸せな毎日を過ごせるようになる

私にとって自己肯定感の研究は自分の人生と切っても切れない関係にありました。

小学4年生のころから双極性障害などの心の病に苦しみ、25歳で実家の商いの借金を背負い込んだことからパニック障害と過呼吸の発作が悪化。私はその後、10年にわたって引きこもりました。

当時の出来事は『大丈夫。そのつらい日々も光になる。』（PHP研究所）に詳しく記しましたが、今、思い返すとまさに自己肯定感が超低空飛行を続けている状態でした。

自動思考の罠に陥り、負のループを繰り返す毎日。

自分の考えに自信が持てない。何をしてもうまくいく気がしない。不安が膨らみ、行動に移すことができない。人のことが信じられないにもかかわらず、自分で自分に「YES」と言うこともできない。

できないばかり積み重なるなかで、私は心理学や心理療法を独学で勉強し、自ら実践するという〝人体実験〟を繰り返しながら、35歳のときに引きこもり状態を克服しました。その後、自分と同じような悩みを抱える人たちの助けになりたいと思い、現在まで1万5000人を超えるクライアントの方々に心理カウンセリングをおこない、その95パーセントの方が回復を実感されています。

その過程で実感したことがあります。

それは、クライアントのみなさんが抱えている悩み自体を解決しようとしなくとも、**本人の自己肯定感を高めるだけで、人生の重しとなっていた悩みそのものがなくなってしまう**という現象です。

病に対する自己回復力があるように、心の揺れに対しても私たちは自ら回復する力を持っています。その鍵となるのが、自己肯定感です。

自己肯定感とうまく付き合う術《すべ》を身につければ、あなたの人生は大きく変わります。低くなっているときは自ら高められるように、高い状態のときはそれをキープできるように。すると、人生の軸が安定し、幸せな毎日を過ごせるようになります。

もしあなたが今、自己肯定感の低い状態にあったとしても、大丈夫。その経験があるから人に優しくなれます。おごらない心を持つことができます。そして、自己肯定感が勝手に高まっていく方法はいくつもあるのです。

本書があなたの未来を拓《ひら》く助けとなりますよう願っています。

中島 輝

第1章 自己肯定感の知っておきたい3つのこと

人生は自己肯定感で10割決まる

第2章 自己肯定感ってそもそも何？

自己肯定感を構成する〝6つの感〟とは？

第4感　自己信頼感 —— 自分を信じられる感覚

第3章 自己肯定感が一瞬でパッと高まる方法

かんたんに
今すぐできる
小さなコツ

ウィークデーに自己肯定感を高めるワーク

ウィークエンドに自己肯定感を高めるワーク

第4章 自己肯定感をじわじわと高める方法

自己肯定感の基礎体力をつくる3つのステップ

第 1 章

自己肯定感の知っておきたい3つのこと

人生は自己肯定感で10割決まる

一喜一憂しなさんな

「自己肯定感」ですべてうまくいく

自己肯定感とは、あなたの人生を支える軸となるエネルギーです。

「自分が自分についてどう考え、どう感じているか」によって決まる、自分の価値に関する感覚であり、誰もが備え持っているものです。

私たちが、「自分には生きる能力があり、幸せになる価値がある」「未来には、きっといいことがある」と信じることができるのは、自己肯定感がその思いを根底で支えているからです。

心理学の世界では、そんなふうに自己肯定感の高まっている状態を**「自分にYESと言える状態」**と定義する研究者もいます。つねに「自分にYESと言える状態」であれば、私たちはどんな困難に直面しても乗り越えていくことができます。

ところが、プロローグでも触れたように自己肯定感は周囲の環境に影響を受け、高くもなれば、低くもなります。また、生まれ育っていく過程で自己肯定感が強くたくましく育《はぐく》まれている人と、弱く揺らぎやすい状態のまま大人になる人がいます。言わば、自己肯定感そのものの総量が多い人と少ない人がいるのです。

でも、大丈夫。安心してください。

自己肯定感が弱いということは、それだけ、人生のなかで心の痛みを経験するということでもあります。だから、その経験によって、人の心の痛みも理解できるのです。**それだけ、人に優しくなれる。それはあなたの大いなる長所**でもあるのです。

もし、あなたが、つらい思いをすることが多いなと感じているならば、それだけ、人のことを思いやる力があり優しい人間でもあると考えてください。

そして、自己肯定感の高低と強弱を意識してください。

この本にはすべての解決法が書いてあります。

自己肯定感は、どんな心の痛みや経験をした方でも、何歳からでも身につけることができるのです。

これからあなたの自己肯定感を高めていくために、この2つの法則を知ることがとても重要になっていきます。

■ 自己肯定感は、時と場合によって高くもなり、低くもなる。
■ 自己肯定感の強い人、弱い人がいる（総量が多い人、少ない人がいる）。

この法則をイメージとしてつかむには、1本の木を想像してみるとわかりやすいと思います。

強くたくましく育まれている自己肯定感は、地面に深く根を張り、幹の太い木のようなものです。枝はやわらかくしなり、風雨にさらされても折れることなく凌《しの》ぐことができます。

失敗をしても、周囲の批判を受けても、強い自己肯定感を育むことができている人は軸がブレません。すると、**「自分にYESと言える状態」**

＝**「自己肯定感が高い状態」をキープできる**ので、楽観的に物事にとり組むことができるのです。そして、何かトラブルがあっても、気持ちを切り替えて解決策を模索し、行動することができるのです。

私がこの本でお伝えしていく自己肯定感の高め方の目指すゴールも、そこにあります。あなたの自己肯定感の木を、地面に深く根を張り、太い幹とやわらかくしなる枝を持った木に育てていきましょう。

あなたの自己肯定感はどれくらい？
――「自己肯定感チェックシート」

自分の自己肯定感って高いのかな？　低いのかな？　そんな方も多いと思います。そこで、「自己肯定感チェックシート」を用意しました。

次の12個の質問に答えることで、あなたの自己肯定感の現在の状態がわかります。ちなみに、このチェックシートにどう答えたかは、第2章でも使いますので可能なら、表に○×を書き込むか、メモをとるなどして、記録してみてください。

自己肯定感チェックシート

あなたの自己肯定感は今どうなってる？

以下の12個の質問の答えを○×を書き込むか、メモをとるなどして、
記録してみましょう。12個の質問のうち、○が10個以上の場合、
あなたの自己肯定感は今、低い状態になっていると言えます。

		○ or ×
1	朝、鏡を見て自分の嫌なところを探してしまっている	
2	SNSを開くたび、人からの「いいね」を待っている自分がいる	
3	職場や学校、家庭でちょっと注意されると、深く落ち込んでしまう。立ち直るまでに時間がかかってしまう	
4	自分のペースを乱されると、些細なことでもイラッとしてしまうことがある	
5	ふとしたときに「無理」「忙しい」「疲れた」「どうしよう」「嫌だ」「つらい」といったネガティブな言葉がこぼれている	
6	「ねば」「べき」と考えてしまい、行動を起こせない	
7	上司から言われた何気ないひと言が気になって、こだわってしまう	
8	やるぞと決めても、まわりの人の目が気になり、躊躇してしまうことがある	
9	出かける前、1日を過ごす服選びに悩んでしまう	
10	一度決めたことなのに、本当にこれでいいのかなと悩むことがある	
11	新しいことに挑戦したいなと思っても、「どうせ」「自分じゃな」と、勝手に限界を決めてしまっている	
12	電車から降りるときやエレベーターに乗るとき、ノロノロしている人にイライラしてしまう	

いかがですか？

12個の質問のうち、10個以上に◯が付いたら、あなたの自己肯定感はかなり低い状態になっていると言えます。逆に5個以下の方は今、自己肯定感が比較的高いと言えます。

このチェックシートで、自分は自己肯定感が低かった……という人も安心してください。**自己肯定感は何歳からでも後天的に育てることができる**からです。今、あなたの自己肯定感の木は、若木のように細いかもしれません。

それはこれから伸びていく余地をたくさん残しているということ。そして、自己肯定感の弱いまま大人になった人は、そのぶん、優しい心や周囲の人への思いやりを備えています。

そんなあなたの良さを残したまま、自己肯定感の低さからくる悩みやつらい思いを解決する方法を身につけていきましょう。

強い軸を持てばブレにくくなり、小さなアクシデントで自己肯定感が上下動することもなくなっていきます。

本書では自己肯定感を強い木に育むための仕組みを第2章で、具体的な育て方を第4章で解説していきます。

具体的なとり組みへ入っていく前に、もう少し自己肯定感そのものについて学んでおきましょう。土台となる知識がしっかりしていれば、この先で学ぶ自己肯定感を育むノウハウやテクニックの吸収がスムーズになるからです。

私が自己肯定感の真実としてお伝えしたいポイントは、3つあります。

1つ目のポイントは、すでに述べたことの復習と言っていいでしょう。

自己肯定感を高めるのに遅すぎることはない

知っておきたいこと1つめ

自己肯定感は揺れ動く

なぜ調子が悪い日があるの？

自己肯定感はあなたをとり巻く環境によって高くもなり、低くもなります。これは強い木を育んだ人でも変わりません。

たとえば、大切なパートナーと大げんかになった後やお気に入りの洋服に飲みものをこぼしてしまった直後など、どんなに強い自己肯定感を持った人でも一時的に気持ちが落ち込んでしまいます。

大切なのは、「自己肯定感が上下動するものだと知ること」と「今、自分の自己肯定感がどういう状態になっているかに気づくこと」です。

たとえば、

「今朝、夫（妻）と口げんかになったから、今、私は気分が落ち込んでいる」

「自己肯定感が低い状態になっているから、小さな失敗にこんなに動揺しているのだ」

「普段、気にならない同僚の無駄話にイライラするのは、寝不足だから」

「今日、子どもにうるさく言ってしまったのは、私が心配しすぎているからだ」

今の自分は自己肯定感が下がっているのだと知るだけでも、心は楽になるのです。

今の自分の状態を自己肯定感を通して知る。それだけで、正体不明の不安や心配から解放されます。


「汝自身を知れ」というのはソクラテスの名言ですが、このように「なぜ、自分がこう感じているのか」を客観視し、自覚することを心理学の世界では、**「自己認知」**と呼びます。

なぜ、自己認知が大切なのかと言うと、私たちの感情はマイナスの状態から一気にプラスに転じることがないからです。必ず一度、フラットな状態になってからプラスないし、マイナスに転じていきます。

自己認知がうまくできていると、調子がいいときも「今は自己肯定感が高い状態だから、小さな失敗があってもすぐに切り替えられるのだな」と自分を客観視することができます。

また、調子が悪いときも「些細な問題が大事《おおごと》のように感じて仕方ないのは、自己肯定感が落ちているからだな」とわかっていれば、消極的なマインドが続く「自動思考の罠」に陥りにくくなります。罠に陥らないので、自分で自分の心を整えることができ、あなたが感情の主導権を握ることができるのです。

つまり、「自己肯定感は揺れ動くものである」と知り、「今、自分の自己肯定感はどういう状態にあるのか」を意識することで、どんな環境下でも自分をフラットな状態に戻すことができます。自分で本来の自分に戻すことができるのです。

私はよくクライアントや講座の受講生、友人、知人に**「一喜一憂しなさんな」**というフレーズを投げかけます。

これは相手にフラットな状態を意識してもらうための言葉です。

うれしいことがあって大いに喜ぶのもいい。つらいことがあって、ずんと落ち込むのもいい。でも、喜びすぎたり、落ち込みすぎたりを繰り返していると心が疲れてしまいます。

大きく心を上下動させて、そのギャップで消耗しないための言葉が、「一喜一憂しなさんな」です。この言葉を言うだけで、心にゆとりが生まれます。自己認知を行う時間ができます。そして、本来のあなたに戻るフラットな状態をつくることができるのです。

どんな状況にもブレない「自分軸」とは？

一喜一憂せずに自分の状態を客観視することの効能は、脳科学的にも立証されています。

たとえば、承認欲求はとても強いもので、人から認められたとき、褒《ほ》めてもらえたとき、課せられた課題をクリアできたとき、人は快楽を感じます。

なぜかと言うと、脳内でドーパミンやオキシトシンといった人を幸せな気分にするホルモンが分泌されるからです。

逆に人から怒られたとき、理不尽なことが起きたとき、課せられた仕事を達成することができなかったとき、脳内では不安を高めるホルモンのノルアドレナリンやストレスホルモンであるコルチゾールが増えていきます。どちらの状態も一方に傾いたまま長期間放置すると、弊害があります。

ポジティブな側に傾きすぎると人は自己愛が強くなり、少しでも批判的なことを言われただけで、怒り、傷つき、反抗します。逆にネガティブな側に傾きすぎると、自己否定の強い状態になってしまいます。

そこで、テンションが高くなっているとき、気分が高揚しているときは、「自分は今、ポジティブになっている」「脳内でドーパミンやオキシトシンが分泌されている」と考えましょう。

逆にテンションが下がっているとき、気分が落ち込んでいるときは、「自分は今、ネガティブになっている」「脳内にストレスホルモンであるコルチゾールや不安を高めるノルアドレナリンが増えている」と受け止めていきましょう。

今のあなたの感情状態から、どのような脳内ホルモンが自分の脳のなかにたくさん分泌しているかを理解するのです。それだけで、**感情を感情で処理してエスカレートせずに、自分で冷静に対応できるように**なります。

感情はどうしても一喜一憂するものですから、自分でフラットな状態に持っていくよう意識することが必要です。**感情はコントロールできる**、感情はこのような生きる技術の習得で違う感情に自分で変えることができるのです。

- 自己肯定感が上下動するものだと知ること
- 今、自分の自己肯定感がどういう状態になっているかに気づくこと

この2つの視点を持つことで、しっかりと根を張ったみずみずしい自己肯定感の木をすくすくと育んでいくことができるようになります。**しなやかでブレのない、イキイキとしたあなたらしい自分軸を手に入れる**ことができるのです。

一喜一憂しないことが、折れない心をつくる

知っておきたいこと2つめ

「一瞬で高まる」
「少しずつ高まる」

自己肯定感の高め方は2つある

2つ目のポイントは、自己肯定感の高め方には2つのルートがあるという真実です。プロローグでも触れましたが、本書の第3章と付録では読み進めながらすぐに実行することのできる瞬発型の**「自己肯定感がパッと一瞬で高まる方法」**が紹介されています。これは、その場その時の低くなってしまった自己肯定感を高めるテクニックです。

たとえばこんな状態にあるとき、瞬発型の対策は役に立ちます。

■ とりかからなくてはいけない仕事があるのに、ついつい先延ばしをしてしまい、とりかかるのに時間がかかってしまう。

■ これから「初めまして」の人と会う場に行くのに、嫌われてしまったらどうしようと先の不安を考えてしまう。

■ 人から褒めてもらっても、「ほんとかな？」と信じられず、素直に喜べない。

こんなときは、ほんのちょっとでできる瞬発型の自己肯定感を高める方法が有効です。ちょっと自信がないなと思ったら、**セルフハグをしながら、「大丈夫。大丈夫。」**と言いましょう。少し嫌なことがあったら**手を洗いながら、「ツイてる。ツイてる。」**と言いましょう。考えがうまくまとまらないときは、**部屋を掃除しながら、「できる。できる。」**と言いましょう。

このように日々の生活のなかに簡単にできる自己肯定感を高めるテクニックを使ってみましょう。

すると、瞬発型は一瞬にしてこのように変化させてくれます。

■「嫌なことは先におこなって心を軽くしてしまおう」と、気楽にとりかかることができる。

■「何かあってもなんとかなるよ！ 今までも、なんとかなってきた！」と、広い視野と自信を持って会場に行くことができる。

■人から褒めてもらったら素直に「ありがとう」と思える。口に出して「ありがとう」と言える。

このように瞬発型のテクニックを身につけると、日々変動する自己肯定感の上下動にうまく対応できるようになっていきます。

一方、第2章と第4章で紹介するのは、自己肯定感を育み、ブレない軸をつくる持続型の**「自己肯定感をじわじわと高める方法」**です。

筋トレをするとき、たくさん食事をとって体を大きくし、それから本格的なトレーニングに入るバルクアップという手法があります。

バルクアップの特徴は、通常の筋トレよりも太く大きな筋肉をつけられること。同じように、持続型の自己肯定感のトレーニングは効果を実感するまでにある程度の時間が必要になるものの、しっかりと続けることで揺れにくくかつしなやかなブレない自分軸をつくることができるのです。

自己肯定感を高めるには持続型と瞬発型を組み合わせるとより優れた効果を発揮します。

目指す完成形は、しなやかでブレにくい自分軸をつくったうえで、瞬発型のテクニックを組み合わせていくこと。すると、自己肯定感を程よい状態にキープすることができるようになります。仕事、人間関係、恋愛・結婚、子育てが楽しくなり、どんなことが起きても前向きにワクワクと人生を過ごすことができるのです。

また、先に瞬発型のテクニックを身につけることにも意味があります。

というのも、持続型のトレーニングを行うにはそれなりの努力が必要で、精神的な負荷がかかり、すぐやめてしまうおそれがあるのです。自己肯定感が低いままバルクアップに入ろうとすると、「やっぱりできない」とつまずいてしまう可能性が高まるわけです。

そんなとき、瞬発型のテクニックを用いて「今、ここ」の自己肯定感を高めることで持続型のトレーニングに入る準備が整うのです。あなたの自己肯定感が何歳であっても今からつくれるとお伝えしました。だからこそ、あなたのペースで楽しく自己肯定感を高めてください。

小さな習慣が大きく現実を変えていく

そして、これは瞬発型、持続型どちらにも共通することですが、小さなステップを踏む感覚を大切にしてください。

本書では、自己肯定感が高まるというゴールに対してさまざまな手法を紹介していきます。今の気持ちを掘り下げながらワクワクする気持ちを探し出していくワークや体を動かして楽しむもの、バスタイムにリラックスしながら体を休めるもの。その1つ1つは、自己肯定感が高まるというゴールに向かうためのプロセスを細分化したものです。

そんなそれぞれの手法を実践し、**1つの小さなステップを踏めたなと感じたとき、自分に「よくやったね」「できたー」「自分に◯《まる》！」とご褒美の言葉を**かけてあげましょう。

それによって、最終的に自己肯定感を高めることが潜在意識まで根づきます。**どんなことがあっても、勝手に自己肯定感という感情が湧き出し**、あなたの人生が「自分の人生って楽しい！」と感じるものになっていきます。

これはアメリカの心理学者バラス・スキナーが提唱した、心理学の世界で**「スモールステップの原理」**と呼ばれる考え方です。

達成したいゴールに向けて行うべきことを小さなステップに分け、1つずつ確実にこなすことで達成率が上昇。1つの小さなステップをクリアするごとに、「よくできた」という報酬を受けとることでモチベーションが持続します。

なぜ、「スモールステップの原理」が効果的かと言うと、人間の脳にやる気を出してもらうためには報酬系と呼ばれる脳の回路を満足させる必要があるからです。

報酬系を満たしやすい条件は、次の2つです。

■ 達成できそうな課題にとり組むこと

■課題を達成したという成功体験を得ること

「スモールステップの原理」は、この2つを満たし、報酬系を的確に刺激するので効果的なのです。

実際、私も苦しかった時期にスモールステップを踏むことで自己肯定感を高めていった経験があります。20代半ば、家から外に出ることができなかったころ、私はその原因の1つとして過呼吸の症状に悩んでいました。

過呼吸の症状が出ると息をうまく吐くことができなくなり、死ぬほどの苦しさを味わいます。頭では「過呼吸で死ぬことはない」とわかっていても、苦しさの記憶が強く残っているため、「過呼吸が来そう、来る、来る、来る……」と思ってしまうと恐怖で呼吸が浅くなっていき、体が硬直していくのです。

20代半ばの私にはいつも「過呼吸が起こりそう」という不安がつきまとい、自己肯定感は超低空飛行を続けていました。

この不安と恐怖をなんとかしたい。それがそのときの私の目標でした。

不安と恐怖から抜け出す一歩目は「今」に目を向けること

そんなある日、読んだ本に「柑橘《かんきつ》系のアロマオイルは不安を和らげるのにいい」と書かれていました。私はすぐにオレンジ、レモン、グレープフルーツのアロマオイルを購入し、試してみることにしたのです。

「過呼吸になるかも……」と不安を感じたとき、アロマオイルのボトルを開けるとオレンジの香りが溢れてきて、「不安」と「恐怖」に向いていた意識が「オレンジの香り」へと切り替わりました。

そうやって香りを嗅ぐことに集中していると、少しずつ気持ちが落ち着いていったのです。

「これは効果があるかもしれない」と感じた私は、その後も過呼吸への不安が高まったときにオレンジやレモン、グレープフルーツの香りを嗅《か》ぐようにしました。まさに本書の第3章と付録で紹介する瞬発系のテクニックにも似た対策でした。

そうやって何度か過呼吸にならずに済んだ経験を積むうち、「過呼吸になりそうになっても、この3本のボトルを持っていれば大丈夫」と思えてきたのです。

不安と恐怖をなんとかしたいという目標に対して、アロマオイルを購入し、試すというスモールステップを踏んだことで、状況が変化しました。

過呼吸への不安や恐怖は、まだ起こっていない未来に意識を向けることで起きていました。これを乗り越えるためには、**未来ではなく「今」に意識を向けることが必要**です。柑橘系の香りが「今」に意識をとどめる手助けとなり、「いい香り」に集中することで気分を不快な感情状態から快の感情状態に変えてくれました。

スモールステップの成功体験を重ねることによって、自己肯定感は勝手に高まっていくのです。

私の場合、瞬発系のテクニックが心を安定させてくれたことで、最終的に過呼吸の症状が出なくなりました。その後、私は併発していたパニック障害を克服するために行っていた自律訓練法（第3章で紹介する持続型トレーニングの一種です）にもアロマオイルを使ったテクニックを盛り込み、家の外へ出られるようになりました。

つまり、瞬発系のテクニックがもたらした成功体験が土台となり、自己肯定感のしなやかなブレない自分軸をつくる持続型のトレーニングが簡単にできるようになったのです。

持続型と瞬発型は組み合わせるとより優れた効果を発揮します。そして、あなたの自己肯定感を高めてくれます。千里の道も一歩から。楽しみながら、とり組んでみてください。

自己肯定感は潜在意識から高まっていく

知っておきたいこと3つめ

ムリに高めようとしなくていい

自己肯定感の2つの罠とは？——「過去」と「比較」

3つめのポイントは、**「過去の失敗へのこだわりやトラウマ」「他人との比較や劣等感」この2つの罠が自己肯定感を低下させる**という真実です。

大人になると自己肯定感は下がりやすくなります。大きく分けて理由は2つあります。1つは、経験が増えるからです。

とくに失敗した経験というのは、強く印象に残ります。そして、同じ失敗を繰り返したくないという意識も高まります。これが自己肯定感を低くするトリガーとなっていくのです。

たとえば、あなたもこんな経験をしたことがあるかもしれません。

■ プレゼン中に頭が真っ白になり、何も話せない空白の数分を経験してしまった。

■ 徹夜して仕上げた渾身《こんしん》の企画書が、「いまいちだな」と一蹴されてしまった。

■ よかれと思ってやったのに、「余計なことはしなくていい」と言われた。

■ 一生懸命、料理をつくったのに、「お腹いっぱいだから」と食べてもらえなかった。

私たちは過去に失敗体験をしたことに対して、苦手意識を持つようになります。会議で発言するのを避けたくなり、プレゼンが恐怖になり、新たな提案をするのが億劫になったり、何をやっても邪魔してしまうかもと思ったり、彼のご機嫌を過度に伺うようになったりします。

そして、プレゼンが恐怖になった人は、上司から「来月の取引先でのプレゼン、よろしく」と言われたら、その日から確実に憂鬱な気分になって自己肯定感も低空飛行を始めます。

もう1つは、他人と比較をしてしまうからです。

- 自分は同僚の誰々よりも仕事ができない。
- いつも笑顔で可愛がられる後輩のように振る舞いたいのに、うまくいかない。
- 他のお母さんのように子育てがよくできない（だから子どもがいじめられる）。
- 私にはみんなのような女性としての魅力がない（だから恋愛が長続きしない）。

どうしても他の人と比較してしまう。人生が長くなるにつれて、比較の対象は増えていくように思えます。

たとえば、偏差値でたとえるなら、偏差値55だった私が勉強をし、56、57、58と少しでも上昇したとき、自分のがんばりと努力によって結果を出したんだと、自分を認めていくことで自然と自己肯定感が高まります。

ところが、友達のAくんは偏差値65だと知ったとしましょう。そこで、Aくんと自分を比較し始めると「自分がこれだけがんばったのにAくんに負けているなんて、自分は勉強ができないんだ」と考え、自己肯定感が下ってしまうのです。

身近にいる人をライバルとして定め、競い合うことで力を伸ばすというのは、勉強や仕事で成果を出すために有効な方法ではあります。しかし、それが正しく機能するのは自己肯定感が高まっているときのこと。

「偏差値55だった私が勉強して、58になった。よくやった。これからまたがんばろう」と自分自身を認めることが重要です。

そのステップを踏まず、「でも、Aくんは65だから」と比較してしまうと自己否定が始まってしまいます。

「認めてもらいたい！」気持ちに要注意

過去のトラウマや劣等感により、自分で自分のことを前向きに評価できないとき、人は周囲から認められたいという承認欲求が強くなります。人から承認されることによって、存在の安心を得ようとするのです。

承認欲求は誰もが持っている欲求です。ところが、自己肯定感が低いままでは、自分で自分を認められないから心が満たされず、欠乏感によって他者からの評価を求めてしまうのです。

すると、行動が依存的になってしまいます。

勉強なら、教師や親の求めに応じてがんばる状態です。とにかく、教師や親に認められるためにがんばるのです。

仕事なら、「あなたのがんばりが必要だ」「このノルマを絶対に達成しろ」と言われ、ブラックな環境でも、「認められよう」とぎりぎりまで耐えてしまいます。

子育てなら、良い小学校に入ることが、良いお母さんとして認められることだと思い込み、子どもの考えや夫の状態もかまわず、がんばってしまいます。

仮にこの状態で学校の成績が上がったり、職場でのノルマをクリアしたり、良い小学校に子どもが入学することができたとしても、スタート地点で「自分で自分を認めていない」ので充足感は得られません。むしろ、「次は何をしたらいいのだろう?」とまた周囲に指示を仰ぎ、そんな自分に無力感を覚えて、自己肯定感をさらに低くすることになってしまうのです。

行動の動機が「やりたい」ではなく、「承認欲求を満たすため」になったままでは、いつまでもやらされ感から脱することができず、結果を出しても自己肯定感が低下する負のスパイラルに陥ってしまいます。また、エスカレートすらすることがあります。

ここで注目したいのは、**「認めてもらいたい！」気持ちが強くなったら、自己肯定感が低くなっているのだな、と気づくこと**です。そしてムリに高めようとしないことです。

それだけで自分の状況を冷静に見つめることができるのです。

2つの罠から抜け出すには？

でも、「どうしても忘れられない失敗の記憶」や「比較したくないと思っても気になってしまうライバルの存在」がある場合は、どうしたらいいのでしょう。

答えは、**「そのまま放置して残しておくこと」**です。

過去の出来事も、他者も、あなたの力で変えられるものではありません。

変えられないものに囚われるくらいならば、そのまま放置し、醸成《じゅくせい》させましょう。

ここでも重要なのは、自分で**「変えられない過去には悩まない」「ライバル視している相手を変えることはできない」と納得**することです。

詳しい手法は第4章で紹介しますが、こうした場合はノートに「放置して残しておく」という考えを書き出すと効果が高まります。

自分で決めて、納得する。この手順を踏むことで、あなたは過去の失敗や他人との比較から脱することができます。なぜなら、**私たちの脳は「ま、いいか」「なんとかなる」と納得したことに関しては、自然と忘れていくようにできている**からです。

比較対象とするのは、自分自身。あなたが出した成果と、その背後にある努力を知っているのは他の誰でもなく、あなたなのです。

自分で自分に「いいね」を出すことができれば、無理に高めようとせずとも自己肯定感は高まっていきます。そして、結果的には失敗してしまったとしても、「この部分はよかった」「この部分は修正しよう」と、次の成長につながるポイントが見えてきます。

自分で自分に許可を出して動いているとき、私たちは「自分の人生にYES」と言える状態にあります。目を閉じてみて、そんなふうに思えている自分を思い描けたら、大丈夫。あなたはきっと「自分にハナマル」をあげられる人に変われます。

自己肯定感の基礎知識まとめ

ここまで「自己肯定感の知っておきたい3つのこと」という形で、自己肯定感が高まるためのベースとなる考え方を解説してきました。

おさらいの意味も込めて、押さえておきたい7つのポイントを紹介します。

- 自己肯定感は、時と場合によって高くもなり、低くもなる。
- 自己肯定感の強い人、弱い人がいる（総量が多い人、少ない人がいる）。
- 今、自分の自己肯定感がどういう状態になっているかに気づくことが大切（自己認知）。
- 自己肯定感の高め方には、持続型と瞬発型があり、この2つを組み合わせるとより優れた効果を発揮する。

- 一気に変わるのではなく、スモールステップで1つずつ積み重ねていくことが大事。
- 過去の失敗、他人との比較に囚われないこと。
- 自分の成果と努力を自分で評価していくこと。

これを踏まえたうえで、第2章では「そもそも自己肯定感とは何か」「どうすれば自己肯定感が高まるのか」のメカニズムについて詳しく解説していきます。あなたの自己肯定感を強い木に育む方法に加え、これまでの私の経験、クライアントの事例を組み合わせ、自己肯定感が下ってしまったときの対処法も提示していきます。

大丈夫。充実感に満ち溢れた人生の扉が、必ず開かれます。その力はもうすでにぐんぐんと心の中で育ち始めています。

第 2 章

自己肯定感って そもそも何？

自己肯定感を構成する
“6つの感”とは？

自分に○

「自己肯定感」っていったい何ですか？

- 先週は気分良く過ごしたのに、今週はなぜか気持ちが塞ぎ気味で調子が出ない。
- 楽しく週末を過ごしたはずなのに、日曜日の夜にため息が出てきた。
- 恋人に言われたひと言が気になって、何をしていてもうまく集中できない。
- 上司に言われた言葉が、心にトゲが刺さったように、気になってしまう。
- 挨拶ができないわが子を見て、自分の子育てが悪いせいだと悲しくなった。
- 大きな仕事が終わって気が抜け、ボーッとした状態が続いている。

誰もが経験したことのあるこんな**感情の変化には、自己肯定感の上下動が深く関わっています。**週末が終わる夜のようにわかりやすい原因もあれば、自分では原因がよくわからないのに気分が落ち込んでしまうこともあります。

いずれにしろ、安定していた自己肯定感が下がったとき、下がったままで低空飛行を続けているとき、私たちは調子の悪さを実感するのです。そして、調子の悪い状態を放置しておくと、「自分はダメだ」という自動思考の罠にはまり、完全に自己肯定感が下がってしまう負のループに陥ってしまいます。

しかし、なぜ自己肯定感はこうも簡単に上下動してしまうのでしょうか。その理由は、**自己肯定感が〝6つの感〟によって支えられている**ことにあります。

1 ■ 自尊感情…自分には価値があると思える感覚
2 ■ 自己受容感…ありのままの自分を認める感覚
3 ■ 自己効力感…自分にはできると思える感覚
4 ■ 自己信頼感…自分を信じられる感覚
5 ■ 自己決定感…自分で決定できるという感覚
6 ■ 自己有用感…自分は何かの役に立っているという感覚

この〝6つの感〟を「自己肯定感の木」にたとえて説明します。

1

自尊感情

自尊感情は、
木の「根」のようなもの。
根っこが深くなければ
木は倒れてしまいます。

2

自己受容感

自己受容感は、
木の「幹」のようなもの。
しなやかでなければ
木は折れてしまいます。

3

自己効力感

自己効力感は、
木の「枝」のようなもの。
伸び伸びとしていなければ、
広がっていきません。

4

自己信頼感

自己信頼感は、
木の「葉」のようなもの。
自分を信じられなければ、
イキイキと輝きません。

5

自己決定感

自己決定感は、
「花」のようなもの。
花は主体的に自分で
決めることで、開きます。

6

自己有用感

自己有用感は、
「実」のようなもの。
誰かの役に立てること。
それ自体が甘いご褒美。

自己肯定の木

自己肯定感の木は
〝6つの感〟で
大きく育ち、
開花し、実を結ぶのです。

そして、次の世代へ

あなたの自己肯定感の
「種」は、次の世代へ。
それはあなたの子どもかも
しれないし、まわりの誰か
かもしれません。

自己肯定感は「6つの感覚」でつくられる

わかりやすく「自己肯定感の木」としてイラストにまとめてみましたが、いかがでしたか？　このように〝6つの感〟が自己肯定感という木を形づくっているのです。それぞれの感覚がダメージを受けると、木そのものの全体のバランスに影響を与えます。

仮に、信頼していた恋人から強い拒絶や裏切りを受け、「私って一体、この人のなんだったの？」という自責や疑念がでて、あなたの自尊感情に大きなきしみや傷が発生したとしましょう。

すると、自尊感情という根っこの部分が細くなり、自己肯定感の木のほかの5つの感もざわざわと揺れ、恋人との関係以外でも、仕事や人間関係、日常生活のすべてに影響が出てきます。

もちろん、〝6つの感〟はお互いを支え合うプラスの影響力も発揮します。

たとえば、私って一体なんだったの？　と自尊感情が傷ついたとしても、親しい友人の励ましによって「自分はこのままでもいいんだ！」と思える自己受容感が満たされ、心を許せる親友がいる自分は「社会とつながっている！」と自己有用感が高まることで、自己肯定感が回復するのです。

〝6つの感〟はそれぞれが密接につながり、連鎖的な影響を受け合いながら自己肯定感を形づくっています。

自己肯定感の〝6つの感〟の連鎖を知るために、まずはその仕組みを知ること。

そして、自分の自己肯定感の低下がどの〝感〟によって引き起こされたのかを意識すること。

すると、感情の変化に対処できるようになるだけでなく、あなたの恋愛、仕事、子育て、人間関係、未来をワクワクしながら描けるようになります。

つまり、〝6つの感〟を良いコンディションに保つ方法を身につければ、自己肯定感の木もしなやかに美しい木になり、きれいな花が咲き、たわわに実を結ぶのです。

あなたらしい人生は、自己肯定感の〝6つの感〟が育つことで、実現できるのです。

そして、あなたのゆるぎない自己肯定感の木の実から、次の世代の自己肯定感の木が育っていきます。それはあなたの子どもかもしれないし、またあなたの意思を受け継ぐ誰かかもしれません。

〝6つの感〟のどこが低くなっている？

とはいえ、いきなり〝6つの感〟すべての知識と対処法を頭に入れるのは大変です。そこで、第1章であなたにおこなってもらった「自己肯定感チェックシート」の結果を再度、確認してください。

じつは「自己肯定感チェックシート」で投げかけた12の質問は、〝6つの感〟の状態を測《はか》る問いにもなっていたのです。

自己肯定感チェックシート

６つの感のどれが下がっている？

1章であなたにおこなってもらった「自己肯定感チェックシート」の結果を再度、確認してください。じつは12の質問は、"6つの感"の状態を測る問いにもなっています。つまり、○が付いた項目の感覚が低くなっているということです。

		○ or ×	
1	朝、鏡を見て自分の嫌なところを探してしまっている		自尊感情
2	SNSを開くたび、人からの「いいね」を待っている自分がいる		自尊感情
3	職場や学校、家庭でちょっと注意されると、深く落ち込んでしまう。立ち直るまでに時間がかかってしまう		自己受容感
4	自分のペースを乱されると、些細なことでもイラッとしてしまうことがある		自己受容感
5	ふとしたときに「無理」「忙しい」「疲れた」「どうしよう」「嫌だ」「つらい」といったネガティブな言葉がこぼれている		自己効力感
6	「ねば」「べき」と考えてしまい、行動を起こせない		自己効力感
7	上司から言われた何気ないひと言が気になって、こだわってしまう		自己信頼感
8	やるぞと決めても、まわりの人の目が気になり、躊躇してしまうことがある		自己信頼感
9	出かける前、1日を過ごす服選びに悩んでしまう		自己決定感
10	一度決めたことなのに、本当にこれでいいのかなと悩むことがある		自己決定感
11	新しいことに挑戦したいなと思っても、「どうせ」「自分じゃな」と、勝手に限界を決めてしまっている		自己有用感
12	電車から降りるときやエレベーターに乗るとき、ノロノロしている人にイライラしてしまう		自己有用感

いかがでしたか？

あなたは、どの〝感〟が下がっていたでしょうか？

この章では、〝6つの感〟の解説とそれぞれの〝感〟を低下させたクライアントの実例を用いて、それぞれの対処法を紹介していきます。

つらい思いをされていた方々がどのように考え、何をきっかけに回復していったのか。カウンセリングの現場で起きたことを簡潔にまとめています。すべてを一読していただいてもいいですし、あなたが◯を付けた問いに対応する〝感〟のページからチェックしていただいてもかまいません。

まずは自分に関係の深い1つの〝感〟を知り、低下時の対処法を学ぶことで、ほかの〝感〟に対する理解も進んでいきます。

1つの〝感〟を入り口に、**どんどん「自分に◯《マル》！」と自分へのプレゼント**をしていきましょう。

第1感

自尊感情

自分には価値があると思える感覚
——しなやかな自分軸をつくる

あなたは自分自身に満足していますか？

自尊感情は、あなたが自らのパーソナリティ（その人の持ち味。個性。人柄）を自分で評価し、**自ら生きる価値を認識し、自分の活かされた命を大切にする感情**です。私は、自尊感情が「自己肯定感の木」の根っこの部分に当たると考えています。

自尊感情が安定しているとき、あなたは「私ってなかなかよくない？」「自分っていいよね」と自分を尊ぶことができ、物事を肯定的に捉えることができるのです。

とても重要な〝感〟ですが、内閣府の行った調査（日本を含めた7カ国の満13～29歳の若者を対象の意識調査「我が国と諸外国の若者の意識に関する調査。平成25年度」）によると、日本人は諸外国の人に比べて、自尊感情が低いことが明らかになっています。「自分自身に満足している」と答えた13歳から29歳の若者は7・5パーセント。なんと10人に1人しか、「自分自身に満足している」と答えなかったのです。

また、「どちらかと言えば満足している」と回答した人は38・3パーセント。「満足している」「どちらかと言えば満足している」の回答率は、合わせて45・8パーセントという結果でした。

これはアメリカ、ドイツ、フランス、韓国など、同様の調査を行った国で「満足している」「どちらかと言えば満足している」の回答率がすべて70〜80パーセントを超えていることと比べると、非常に低い数字です。調査国の中で、最下位なのです。

13歳から29歳の若者を中心にしたデータではありますが、若者は大人を見て育ちます。この時点で、大人も「自分自身に満足できていない人」が多いということは一目瞭然です。仮説ですが30代、40代になってから自然と満足度を高めるという可能性は低いと言っていいでしょう。

日本の社会は、自尊感情が傷つきやすい構造を抱えているのです。

では、自らのパーソナリティを尊重できない状態にあると、人はどのようなトラブルを抱えることになるでしょうか。

実際に私がカウンセリングを行った2人のクライアントの実例を紹介しましょう。

事例

1

SNSを見るたび、〝いいね〟の数に一喜一憂してしまいます

――他者との比較から逃れられない

30代女性

都内でも有数の立地のオフィスビルで300人規模の会社の受付業務に従事している南さん。地元の友だちや学生時代の同級生たちからは「華やかな毎日を送っている」と憧れの目で見られています。

その憧れの源泉となっているのが、フェイスブックやインスタグラムです。南さんはSNSにハマり、毎日の生活の華やかな面を切りとっては発信しています。そして、その投稿に「いいね」をもらうことが何よりの喜びになっているのです。

一見、順風満帆な日々のようですが、南さんはカウンセリングを受けにやってきました。その理由は、SNSでつながっている、より華やかな人たちの暮らしが気になって仕方がないという悩みを抱えていたからです。

給与面で恵まれていることで知られる外資系企業に勤める友人のアップするパーティの写真。結婚を報告し、相手から贈られた婚約指輪とプロポーズのエピソードを

綴ったエントリー。そんな幸せな投稿を見るたびに、仕事にも熱中できず、給与も少ないなかでなんとかやりくりしている自分の生活とのギャップに嫉妬心が湧き上がり、いてもたってもいられなくなると言うのです。

「いいね」をもらっても満たされないのはなぜ？

南さんのように**他人と自分を比較し、嫉妬心、劣等感から感情をすり減らしていくのは自尊感情が低下しているときによく見られる症状**です。

自らのパーソナリティ（その人の持ち味。個性。人柄）に自信が持てないぶん、SNSではいい面ばかりを発信してしまう。その心理の背景あるのは、低下した自尊感情を埋めるために「誰かに認められたい」という他者承認を求める承認欲求の強さです。

「自分の価値を認めてもらいたい」と願う承認欲求は誰しも持っている欲求ですが、じつは自己承認と他者承認の２段階に分かれています。

自己承認と他者承認の双方がバランス良く満たされる状態が理想的ですが、自尊感情が低下しているとき、私たちは「自分に◯」と言えません。つまり、自己承認ができない状態、自分の存在価値がなんなのかわからない状態になっているのです。

するると、満たされない思いをどうにかしようと他者からの承認を強く求めるようになっていきます。

南さんは仕事にあまり価値を見出だせず、そんな自分に「◯」と言えない状況にありました。そのぶん、地元の友だちや学生時代の同級生からの承認やSNSを通じた「いいね」を心の支えにしていたのです。

初めはうれしかったのです。しかし、他者の顔色をうかがって本来の自分を偽《いつわ》り、他者承認を得るだけで、自分で自分自身に「◯」と言えなければ、虚しさは増していきます。

「いいね」を集めるために生活費を削って、インスタ映えするスポットに出かける。

SNS上では苦しい胸のうちを打ち明けるのではなく、都会の暮らしを楽しむ自分をアピールする。

そして、SNSを見るたびに「いいね」の数を気にして、一喜一憂してしまう。

そんなアンバランスな生活によって、南さんは自分を追い込んでいました。

誰かのためになることが自尊感情を高める

そこで、私がすすめたのは**「ライフチャート」と「タイムライン」という自己認知を改めるテクニック**です。このテクニックを使って自尊感情を高めてもらいました。

「ライフチャート」は、今の仕事、人間関係、プライベートなどを直感的に自己採点していくというもの。そして、「タイムライン」は1年後、3年後、5年後、7年後の自分がどうなっていたいかイメージするというものです。

どちらのテクニックにも、自分の今置かれている状況を客観視し、悩みの本質を知り、どう解決していけばいいのか道筋を明らかにする、という効果があります。

南さんの場合は、本人が他者承認への欲求が強くなりすぎていることに自ら気づきました。そして、SNS以外の方法でも承認欲求を満たせるように生活と人間関係を変えていくことができたのです。

具体的にはオフィスでの振る舞いを変え、同僚たちをサポートする業務に積極的にかかわるようにしてもらいました。すると、フェイス・トゥ・フェイスでの感謝の言葉をもらう機会が増え、相手からの「ありがとう」が積み重なることで、他者承認の欲求が満たされていったのです。

南さんは、こう言ってくれました。

「先生、SNSの『いいね！』もいいけれど、身近な人からの『ありがとう』の言葉のほうが、何百倍も気分がいいですね。私、生きている！　って、今、感じます」

南さんは、自分を認めることで自己承認も進み、結果的に自尊感情が回復。SNSへの過剰なこだわりは薄れていき、等身大の自分に「YES」と言える状態へと変わっていきました。

ちなみに、「ライフチャート」（234ページ）と「タイムライン」（260ページ）の詳しい使い方は第4章でしっかりと解説します。これはほかのテクニックに関しても同じです。この第2章では、どんなシチュエーションで使うかを紹介し、具体的な方法や身につけ方については第3章もしくは、第4章で深く掘り下げていきます。

事例

2

何度も同じ場面で、同じ失敗をしてしまう

――結果を出せない自分を責め続ける

20代男性

全国大会にも出場するような大学の強豪サッカー部に在籍するストライカーの宮前くん。去年、大事な場面でシュートを外してしまった試合の後から、練習では問題ないのに、本番になるとゴールがまったく奪えなくなってしまいました。

味方からパスを受けても「またシュートを外したらどうしよう」「チームに迷惑がかかる」と迷い、思うように動けない状態に。

結果的にレギュラーを外され、「自分はダメだ」「自分は人に迷惑をかける存在なのだ」と自尊感情が低下した状態でカウンセリングにやってきました。

また失敗してしまうかも…のトラウマを書き換えるには？

過去の失敗体験によって自尊感情を傷つけ、「できる自分」のイメージを見失ってしまうのは、スポーツに限らず、仕事でも勉強でも恋愛でも人間関係でも子育てでも起きうるケースです。

客観的に見て、過去の失敗そのものは変えることができないものです。

ところが、自尊感情にトラブルを抱え、自己肯定感が低下していると、振り返っても仕方のない過去の失敗体験を何度も思い出し、そのたびに「自分はダメだった」「もっとこうするべきだった」「自分が行動するとすぐに迷惑をかけてしまう」と思い悩んでしまいます。

こうした囚われを払拭してもらうために、宮前くんのようなケースではイメージトレーニングで、自尊感情を高めることをすすめています。

まず、シュートが決まるイメージを思い浮かべてもらいます。続いて、去年の大事な場面でシュートを外した記憶を思い出してもらいました。ただし、当時の様子ではなく、同様のシチュエーションでゴールを決めたイメージを持ってもらいます。

言わば、**イメージで失敗経験を上書き**するわけです。しかも、それで終わりではなく、次の大会でシュートを決め、チームを勝利に導いた場面、勝った後に控室でチームメイトと喜び合っているところまで鮮明にイメージしてもらいました。

こうすることで、「自分はできる」「自分の力で自分を変えられる」「自分はいてもいい」と、イメージのなかで自尊感情が高まり、それが現実にも波及していくのです。

この方法は、**潜在意識を味方につけるパワフルなテクニック**なのです。

人はイメージの力で変わることができる

オーストラリアの心理学者のアラン・リチャードソンによるバスケットボールの選手を対象にした実験を紹介しましょう。

リチャードソンは実験に参加した選手を3つのグループに分け、フリースローの能力を測定。その後、それぞれのグループに次のような指示を出しました。

- Aグループ：フリースローの練習（1日20分間）
- Bグループ：フリースローの練習をしない
- Cグループ：イメージトレーニングのみ（1日20分間、手の動きやボールを投げる角度まで、完璧なフリースローが決まったシーンを鮮明にイメージ）

20日後、実験に参加した選手を集め、再びフリースローの能力を測定しました。
すると、次のような結果になったのです。

- Aグループ：フリースローの能力が24パーセント上昇
- Bグループ：フリースローの能力には変化なし
- Cグループ：フリースローの能力が23パーセント上昇

実際に練習をしたグループと、鮮明なイメージトレーニングだけを行ったグループはほぼ同じくらいフリースローの能力が上昇するという結果になりました。これはイメージのなかでの成功体験が積み重なることで、自尊感情が回復し、自己肯定感が高まった状態でプレーできたからです。そのため、成功率が上昇するのです。

実際、宮前くんはイメージトレーニングによってゴールを決める感覚をとり戻し、見事にレギュラーの座に復帰しました。

第4章では、具体的な方法として「スリー・グッド・シングス」（285ページ）、「イメトレ文章完成法」（291ページ）などのテクニックを解説します。

そのほかにも、下がってしまった自尊感情への瞬発型の対処法として、第3章で次のような方法を紹介。すぐにできることばかりなので、ぜひ実践してみてください。

- 鏡のなかの自分にポジティブな言葉をかける（171ページ）
- 良好な関係の人と話す（193ページ）
- 休日だからこそ、早起きをする（204ページ）
- 5分だけ掃除をする（208ページ）

第 2 感

自己受容感

ありのままの自分を認める感覚
——何度でも立ち上がる強さを身につける

あなたは自分に「I'm OK, I'm not OK」と言えますか？

クライアントによく伝える言葉の1つに、「八風《はっぷう》吹けども動ぜず、天辺の月」という禅の言葉があります。

ここで言う「八風」は、自然の風ではなく、心のなかに吹く煩悩の風であるとされています。八風は4つに分けられ、こういう風が吹いたらいいなと願う煩悩を「四順《しじゅん》」。

- 利（りこ）…自己の利欲に囚われ、自分だけはと願う心。
- 誉（ほまれ）…名聞名誉にこだわり、誉められたいと願う心。
- 称（たたえ）…人々から称賛されたいと願う心。
- 楽（たのしみ）…享楽にふけり、楽をしたいと願う心。

こういう風は吹かないでくれと願う煩悩を「四違（しい）」と言うそうです。

- 衰（おとろえ）…気力、活力の衰え、人生の衰えた姿。
- 毀（けなし）…他の人から批判され、けなされる姿。
- 譏（そしり）…他の人から、そしられる姿。
- 苦（くるしみ）…人生の苦難、苦境にさらされる姿。

「八風吹けども動ぜず、天辺の月」は、こうした風に吹かれても空に浮かぶ月のように動じない心を持ちましょうという教えです。

この禅語は、自己受容感が高まった状態を見事に言い表しています。

自己受容感は、自分のポジティブな面もネガティブな面もあるがままに認められる感覚です。

人を妬んだり恨んだり、失敗して落ちこんだり、将来が不安になっても、その自分をまるごと受け止めて、それでも「大丈夫。必ずなんとかなるから」と、人生を肯定できる力です。

アドラー心理学で言うところの「I'm OK, I'm not OK」の状態です。

人間は、完璧・完全にはなれません。不完全です。つまり、良い自分・好きな自分、悪い自分・嫌いな自分、どちらもあるから素晴らしい。人生とはそれでいいということです。

完璧を目指せば、ムリをするだけで、自分を追い込んでいき、幸せは逃げていきます。まずは、完璧にはなれないと知り、不完全な自分を受け容れる。そして、そのなかから肯定的な側面を見出すことです。

ありのままの自分を認めたら「折れない心」が培われる

私は、「自己肯定感の木」で言うと、自己受容感が幹の部分に当たると考えています。あなたらしくしなやかに生きるために不可欠な感覚であり、自己肯定感を高めるために大きな役割を担っているからです。

どんな自分にも「OK」を出せる人は、何が起きてもしっかりと地に足をつけて、どんな風が吹いてもしなやかにしなる強さと、また元に立ち直る回復力を持っています。

つまり、**折れない心＝レジリエンスが高まる**わけです。自己受容できている人は、さまざまな経験も乗り越えられ、共感力が磨かれ、信頼され、愛される存在となります。

逆に自己受容感が低下していると、小さなミスが気にかかり、行動に移すことができなくなります。また、自分のネガティブな面に対して執着するようになり、自己否定的になることで、他の人からの評価が気になって仕方がない状態になります。

他者依存の傾向が強くなるため、人の意見にも振り回され、人間関係にも悩むようになってしまいます。いつも風見鶏のようで、周囲の人からも信頼されなくなってしまいます。

ここではそんなふうに自己受容感を低下させてしまったクライアントの事例を2つ紹介したいと思います。

事例

3

いつも嫌われたらどうしよう…と思ってしまうんです

――拒絶された体験が頭から離れない

30代女性

子どものころ、学校で仲間外れにされた経験を持つ田中さんは、30代の女性のクライアントでした。田中さんは「仲間はずれにされた原因が自分にある」と思い込み、自己受容感を傷つけたまま大人になっていました。

私のカウンセリングを受けたときの主な悩みは、会社での人間関係にまつわるものでした。

とくに女性同士のグループに馴染めず、「離席している間に悪口を言われるのではないか？」と不安になり、「なかなかトイレにも立てない」と言います。

また、「子どものお迎えのために早く帰りたいが、職場の雰囲気を壊し、陰口を言われるのではないか」と心配になり、怖いと教えてくれました。

それが起きたときどうするか、あらかじめ決めておく

田中さんのように、子どものころの無視や仲間はずれといったいじめ体験が自己受容感を傷つけ、その負の感情を抱えたまま大人になる人は少なくありません。

いじめた側に問題があるはずなのに、「自分にも問題があったのでは」と思い込み、自分のパーソナリティを尊重できない状態になってしまうのです。

そして、「人の目が必要以上に気になる」「嫌われないよう過度に気を遣う」などの対人関係の悩みを抱えてしまいます。

拒絶される恐れ、攻撃されることへの恐怖心が強く出てしまうのです。

こうしたケースで必要なのは、状況を客観視することと不安に対処すること。そのための手法として、私は**「if-thenプランニング」**をすすめました。

「if-thenプランニング」は、その名のとおり、「もしXが起きたら（if）、Yをする（then）」と前もって決めておくことで、状況を客観視し、不安から行動

を躊躇してしまう自分の背中を押すというテクニックです。

自己肯定感が低いときは、ネガティブなことを受け容れることができず、拒絶への恐怖をいつも以上に強く感じてしまいます。

すると、その原因となっている過去の思い込みも強化されるわけです。そこで、そうした自動思考の流れを断ち切るため、「嫌われるかも」「悪口を言われるかも」と思ったときに備え、**事前に「こういう行動をとりましょう」と決めておきます。**

「ｉｆ－ｔｈｅｎプランニング」は心理学、脳科学など数多くの学術研究で効果が立証されていて、人間はあらかじめ「Ａという状況になったときには、Ｂをしよう」と決めておくだけで、行動に移しやすくなることがわかっています。

田中さんのケースでは、もし、「悪口を言われるかもしれないと思ったら（ｉｆ）」、「言われたとしても、私の価値は変わらないんだと小さくつぶやく（ｔｈｅｎ）」ことで、「嫌われたらどうしよう」という自動思考を止めてもらいました。

周囲を変えようとするのでもなく、「悪口を言われるかもしれない」という不安感を消すわけでもなく、**仮にそうなっても大丈夫だというメッセージを自分自身に発することで自己受容感を高めた**わけです。

他人を変えることはできません。自分を変えることはできます。自分が変わることで、「自分を嫌う」と思っていた他人が、「別に嫌ってはいない」他人へと変わるのです。こうして田中さんは、職場の人間関係を自ら変えていくことができたのです。

事例

4

プロジェクトの失敗の責任を押しつけられたことが忘れられません

――上司に責任転嫁された傷が癒えず、苛立つ

30代男性

数年前、上司と組んで新規プロジェクトの立ち上げに携わっていた大谷さん。残業や休日出勤も続き、しんどい毎日でしたが「チームのためになるから」「上司から求められているから」と懸命にがんばりました。

ところが、いざプロジェクトが始動すると、思ったような成果が出ず、頓挫《とんざ》。上司は「うまくいかなかったのは、君のせいだ」と大谷さんに責任を転嫁しました。

数年前のことながら上司に裏切られた思いは消えず、ふとしたときに思い出してはイライラする。そして、そんな自分の器の小ささに苛立っているという相談でした。

過去の怒りから解放される方法とは？

信頼していた相手から裏切られたときの驚き、悔しさ、虚しさというのはなかなか消えるものではありません。一方で、数年前の出来事について思い悩んでいる自分を残念に思う気持ちもよくわかります。

相手へのネガティブな感情、自分へのもやもやとした想いがうまく処理できずにいると自己受容感はじわじわと低下。自己肯定感も低空飛行を続けることになります。そんなとき、**有効なのは自分が抱えている苦しい感情をしっかりと認識すること**です。

そこで私が大谷さんにすすめたのは、「エクスプレッシブ・ライティング」と呼ばれる感情を紙に書き出すテクニックでした。これは１９８０年代に生まれた心理療法です。ポイントは自己受容感を損なう原因となった出来事とそのときの感情を思い出し、紙に書き出すことです。

忖度《そんたく》は一切ナシで自分の思いの丈を正直に書きます。

大谷さんの場合で言えば、「上司の○○、ふざけるな！」「人のせいにするな！」「信じてがんばったのに、心から裏切られた」といった言葉になるのかもしれません。

とにかく書き出すことで、抱えているネガティブな感情をしっかりと認識することができます。すると、不思議なことに忘れたくても忘れられなかった記憶へのこだわりが、「ま、いっか」と小さくなっていくのです。

心に痛みがあるということは、大谷さんは、いまでも上司が気になる対象なのです。さまざまなことがありますから、バッサリと思いを断ち切ることは不可能です。しかし、「ま、いっか。そんな人もいるか」と、自分で許すことを受け容れたことで、上司が気にならなくなり、怒りというネガティブな感情から大谷さんは自由になれたのです。そして、新しい道に進むことができたのです。

明確になれば、囚われから卒業できる

なぜ、書き出すことで、いつまでも気になっていたことやいつもつきまとってくる

不安に変化が生じるかと言うと、私たちの脳は、ぼんやりと気にかかっていることほど忘れられず、きちんと整理でき、区切りが付いたことは忘れられるという性質があるからです。

人間は区切りをつければ忘れられるのです。

アメリカの心理学者ダニエル・ウェグナーが行った「シロクマの実験」と呼ばれる研究があります。

この研究では、実験に参加した協力者を３つのグループに分け、シロクマの１日を追ったドキュメンタリー映像を見てもらい、その後、それぞれのグループに次のような異なる指示を出しました。

- Ａグループ：「シロクマのことを覚えておいてください」
- Ｂグループ：「シロクマのことを考えても考えなくてもいいです」
- Ｃグループ：「シロクマのことは絶対に考えないでください」

研究チームは1年後、実験の参加者を集め、映像の内容について覚えているかどうかを尋ねました。すると、もっとも鮮明にシロクマのドキュメンタリー映像の内容を覚えていたのは、「シロクマのことは絶対に考えないでください」と指示されていたCのグループだったのです。

ウェグナー博士はこの実験の結果を受けて、「何かを考えないように努力すればするほど、かえってそのことが頭から離れなくなる」という脳の働きを「皮肉過程理論」と名づけ、論文にまとめました。

つまり、**私たちは「忘れたい」「こだわりたくない」と意識していることほど、「忘れられず」「こだわってしまう」**のです。しかも、自己肯定感が下がっているとネガティブな出来事への反応が強くなるので、ますます忘れられなくなります。

そこで、「エクスプレッシブ・ライティング」です。感情を紙に書き出し、文章化します。自分で目視できるようにすることで、「忘れたい」「こだわりたくない」出来事とそのときに抱いた感情が明確になります。

すると、明確に意識したことで忘れやすく、手放しやすくなるわけです。そうやって悩みを乗り越える経験によって、自己受容感も回復します。「ネガティブな感情を抱くのは当たり前」「そんな自分も受け入れられる」「自分は乗り越える方法を知っている」といった心境になり、「だから大丈夫」と思えるようになるからです。

第4章では、自己受容感を回復させる具体的な方法として「ライフチャート」（234ページ）、「タイムライン」（260ページ）、「if－thenプランニング」（274ページ）など、ネガティブな感情が受け容れ難いときに負の感情をコントロールするためのテクニックを解説します。

そのほか、下がってしまった自己受容感への瞬発型の対処法として、第3章では次のような方法も紹介。すぐにできることばかりなので、ぜひ実践してみてください。

- 仕事のデスクの上に好きな小物を置く（182ページ）
- おやつを食べる（190ページ）
- バスタイムに目のヨガをする（197ページ）
- セルフハグ（198ページ）
- 5分だけ掃除をする（208ページ）

第 3 感

自己効力感

自分にはできると思える感覚
——何度でも挑戦できる自分になる

いつも「やっぱりできない…」と思ってしまうワケ

自己効力感は、何らかの問題に向き合ったとき、こうすればうまくいくはずだとプランを立てられ、考えたプランを実行できるという自信を持つ感覚です。自己効力感が高まると、自分は何かを成し遂げることができ、目標を達成できると信じられる状態になります。

つまり、**勇気を持てるようになる**のです。

また、目標達成するための努力を継続することができるか、困難に直面したときにそのプレッシャーにどれだけ耐えられるか、挫《くじ》けたときに挑戦を再開することができるかといった力にも深く関係しています。

自己効力感が安定していれば、私たちは何度でも挑戦する力が得られ、人生はいつからでも再起可能だと信じることができるのです。

こうした性質から私は自己効力感を「自己肯定感の木」の枝に当たる部分だと考え

ています。幹から多くの枝が伸びていくように、また、折れても折れても新しい枝がでてくるように、**自己効力感はあなたの世界を大きく広げていってくれます。**

一方で、自己効力感が低下してしまうと、木にたとえると幹しかない状態ですから、葉も花も咲かない状態、行動する気力が湧いてこない状態になります。やろうとプランを立てても、「できない」と思ってしまうからです。そうなってしまったとき、どう対処するべきなのか。2つのカウンセリング事例を紹介したいと思います。

事例

5

今度こそはと思っても、ダイエットを続けられません

――挫折を何度も経験し自己否定する

20代女性

一度、始めたからにはきちんと成果を出すべきである。自分で決めたルールは守らなくちゃいけない。クライアントの斉藤さんは、そんなふうにきっちりと物事を考えるので、仕事もきっちりとできるタイプの20代の女性でした。

しかし、ダイエットに関しては完璧主義的な考え方が邪魔をするのか、何度か挑戦

しては失敗。うまくいかないと悩んでいました。

そこで、失敗の原因を探ろうとこれまでにおこなったダイエットの方法について聞いてみても、絶食や特定の食材だけを食べるといった失敗しやすい突飛なやり方をしているわけではありませんでした。

斎藤さんが実践していたのは、カロリー制限と運動を組み合わせたオーソドックスなやり方。ただし、「ダイエット中、ケーキは一切食べない」「夜20時以降は何も食べない」といった条件を、徹底的に厳しく自分に課していたようです。

ところが、「友だちからケーキをすすめられる」「クライアントの会食のため、食事時間が遅くなってしまう」などの事態が発生。そこで、「ケーキを食べてしまった自分」「夜20時以降に食事をしてしまった自分」が許せない、私は無能であると言うのです。

ダイエット中の一度の失敗によって「自分は意志が弱い」と自己否定が始まり、「食べちゃいけないものを食べた」という失敗に引きずられ、ダイエットそのものもやめてしまいます。それでも数ヵ月の冷却期間を置いて、また新しいダイエットを始めるのですが、結局、厳しい条件づけを破ってしまい、うまくいかず……を繰り返しているのでした。

一度の失敗だけで、なぜ続けられなくなってしまうのか？

あなたは、斎藤さんの自己効力感を下げるきっかけはどこにあったと思いますか？

本人は、「食べてはいけないものを食べてしまったこと」「食べてはいけない時間帯に食べてしまったこと」が失敗だと考えています。しかし、これは失敗でもなければ、自己効力感を下げることになったきっかけでもありません。

本当の問題は目標設定と、そこに向かうための条件づけにあります。

漠然と「ダイエットをしたい」ではなく、「何月何日までに何キロのダイエットを成功させる」という具体的な目標設定を行うこと。そして、その**目標を達成するためにどういうステップを踏んでいけばいいのかを考え、クリアしやすい小さなステップを複数用意**すること。これらの設定が大切なのです。

これは第1章で紹介した「スモールステップの原理」です。

じつは自己効力感を高めるためには、スモールステップの原理がもたらす「達成できそうな課題にとり組むこと」「課題を達成したという成功体験を得ること」という2つの効果が、非常に役立ちます。

たとえば、「平日はケーキを食べない」というような小さなステップを用意し、それを達成することができれば、小さな成功体験が得られます。その積み重ねが、「私、できるかも」という自信となり、むくむくと自己効力感を回復させるのです。

ですから、斎藤さんには「23時以降は食べない」「朝ごはんと昼ごはんは低糖質メニューにする」など、実現できそうな小さなステップをいくつも考えてもらいました。

そして、それができた自分に「◯」をつけてもらいました。元々、意志が強い斎藤さんは、自己肯定感をコントロールする力を手に入れることによって、より自分らしいペースで、結果を出すことができるようになったのです。

「失敗したとき、何をすべきか」あらかじめ決めてしまう

もう1つ重要なのが、失敗したときのための対策です。

たとえば、「春までに5キロ痩せたい」という目標を立てたとしましょう。着実にスモールステップを踏み、あと1キロで目標達成というところで業務上どうしても断れないフレンチの会食に参加することになりました。

斎藤さんはこれまでもハイカロリーな食事をとってしまうことによって、ダイエットをなし崩し的に終わらせてしまったことがあります。

これは失敗や挫折を想定せず、計画を立てているからです。**目標を設定するときは、「失敗する、挫折する、計画外のことが起きる」ということを盛り込んで**おきましょう。そして、失敗したとき、予想外の出来事が起きたとき、自分がどんな感情を抱くのか。その結果、物事が進まなくなったとき、どう対処すればいいのか。そこまでの準備をしておくといいのです。

それを怠ると、「私は意志が弱いんだ」と落ち込み、自己効力感を低下させ、目標を達成する確率も一気に下がっていきます。とくに斉藤さんのような完璧主義的な人は、一度自分で決めたルールが崩れると、「もうダメだ……」とそのまま総倒れになってしまう傾向があります。

そこで、失敗への対処法として、私からおすすめしたのは、脳の性質を活用した

「ｉｆ－ｔｈｅｎプランニング」でした。

「もし食べてしまったら、しっかりとおいしさを味わいながら食べ、明日からダイエットを再開する」と、こんなふうに条件づけをしました。

結果、一度の失敗で「自分は意志が弱い」と自己否定に入ることはなくなりました。逆に翌日から再びダイエットを始められたことが小さな成功体験となっていきます。この「自分で立てた目標設定に向けて自分をコントロールできている」という感覚が、自己効力感をさらに高めてくれるのです。

ちなみに、ダイエットを繰り返す人が完全に糖質を抜く、絶食をするなど極端な方法に走りがちなのは、自己効力感が下がっているから。無理に高い目標設定をして、一気に変わろうとしてしまうのです。

そうではなく、自分のリズムに合わせてスモールステップを踏み、「やったー」「できたー」と目標に近づいていきましょう。これはダイエットに限らず、あらゆる目標達成に共通する成功の秘訣でもあります。

あなたの自己効力感も、**感情をコントロールし、脳の性質を利用すれば、何歳からでもつくることができる**のです。

事例

6

子育てがうまくいかない自分が情けなくてたまりません

――理想と現実のギャップに悩み、〝べき〟〝ねば〟思考に囚われる

30代女性

小学校2年生の娘から「なんで授業参観に来てくれなかったの?」と泣かれてしまって、本当に母親失格だなと落ち込んでいるんです。

カウンセリングの冒頭でそう打ち明けてくれたのは、子育て中のワーキングマザーでシングルマザーでもある重村さんでした。

娘さんが2歳のころに離婚した重村さんは、保険の外交員として忙しく働きながら子育てをしています。問題の授業参観にも、もちろん行く予定でしたが急な商談が入り、キャンセルすることに。

「仕事はしっかりやるべき、子どもも喜ばせねば」とがんばる重村さんですが、体は1つしかありません。どうしても思い通りにならない場面が出てきます。

子どもの将来を考えて仕事を優先してしまいますが、日ごろは我慢してくれる小2の娘さんも時には涙を見せます。

結果的に子どもにしわ寄せがいっていると思うたび、重村さんは自己効力感をすり減らし、自分は母親失格と自己否定の烙印を押していました。

なぜ、あなたもあなたの子どももつらくなってしまうのか？

親子の関係性のなかでは、**お母さんの自己肯定感が低くなっていると、子どもの自己肯定感は弱くなっていきます。**

なぜかと言うと、私たちは何かを学ぶとき、あなたがこの本を読んでいるように自分で直接体験して吸収する「直接強化」のほかに、他の人の行動とその結末を観察することで学習する「代理強化」という方法をとっているからです。

心理学の世界で「観察学習」や「モデリング」とも呼ばれる代理強化は、関係が密接な親子の間でより強く働きます。**子どもは自然と「お母さんがやっていることを真似しよう」とし、その結果、自己肯定感の低さも学んでしまう**のです。

たとえば、シングルマザーで忙しく働き、母親としても正しくあらねば……とがんばっている重村さんは、無意識のうちに「忙しい」「疲れた」「どうしよう」「つらい」といったネガティブな言葉を口癖にしていました。

これは日本の社会にも問題があります。「母親はこうあらねば、こうあるべき」という母親に対する「ねば、べき思考」が同調圧力として多くのお母さんたちを苦しめ、十分がんばっているのに「私はできていない」「まだがんばりが足りないのかも」と自己効力感を傷つけ、自己肯定感を低下させているのです。

そんなお母さんの姿を見て、子どもは真似をし、ポジティブなところもネガティブなところも吸収してしまいます。

ここで、大切なことがあります。もしあなたが自分の自己肯定感が低いと感じ、「そういえば、お母さんも自己肯定感が低かった」と思うならば、あなたの母親の影響が関係しているのは確かです。そしてさらに遡《さかのぼ》れば、母親の母親、そうあなたのおばあちゃんも自己肯定感が低かったのです。

自己肯定感の低さは、世代間をまたいで連鎖します。この本を読んで、世代間連鎖をしていると感じたなら、どうか今から自己肯定感を高めて、次の世代に自己肯定感の高い連鎖を与えてください。

大丈夫です。自己肯定感を高めるのに、遅すぎるということはありません。

肯定的な言葉が潜在意識を変えていく

さて、カウンセリングでは、重村さんの自己肯定感の低さが子どもの自己肯定感の弱さにつながっていく仕組みについて伝えました。すると、重村さんは娘さんに自己肯定感の強い子になってほしいと願っていましたから、自分が変化する必要性に気づいてくれました。

そこで、自己効力感を回復させるための第一歩として私がすすめたのは、否定語を肯定語に変える「リフレーミング」です。

重村さんが無意識のうちに口にしていた「忙しい」「疲れた」「どうしよう」「つらい」といった否定語を、意識的に「求められている」「やりきった」「やっちゃおう」「楽しい」といった肯定語の口癖に置き換えてもらいました。

自己肯定感は周囲にも影響されます。あなたの周囲の半数以上の人が自己肯定感が低ければ、あなたも低くなってしまう可能性が高いでしょう。でも、あなたが自己肯定感が低くても、あなたの周囲の80パーセント以上の人が自己肯定感が高ければ、あなたは勝手に自己肯定感が高くなるのです。

重村さんの例に戻りましょう。

次に、仕事で授業参観に行けないといったトラブルが生じたときも、罪悪感を持つのではなく、「そのぶん一緒に過ごす時間を大切にしよう」と考えるようアドバイスをしました。愛があるからこそ罪悪感を持つのだから、その愛を母子の充実感に変えることが大事ですよ、と伝えました。

そして、〝ねば、べき思考〟に関してはネガティブな負の感情の見方を変えていく「ポジション・チェンジ」というテクニックを伝え、実践してもらいました。

重村さんのようなワーキングマザーは、元々仕事で一定の成果を出した成功体験を持っています。ですから、自尊感情と自己有用感は人よりも高い状態にありました。

そこに離婚後の1人での子育てという要素が加わったことで、〝6つの感〟のバランスが崩れてしまったのです。カウンセリングにやってきた時点では、とくに母親としての自己効力感が低下していました。

そこで、「リフレーミング」のテクニックで、自己効力感を回復し、全体のバランスをとり戻していくことにしました。すると、元々の強い自尊感情と自己有用感が、弱った部分を支える形で、忙しく働く自分に「I'm OK」、ときどき娘との約束を破ってしまうけど、そんな自分にも「I'm not OK」と言えるようになっていきました。

本人の強い面と弱い面。そのどちらもが、その人らしさです。そして、「らしさ」を持つから、その人らしい人生が始まります。ところが、社会は時として同調圧力で「らしさ」を「ねば、べき」で封じ込めようとしてきます。

だからこそ、**あなた「らしさ」をあなたが知り、自ら尊重することが大切**です。

これは親子関係、友人関係、職場の人間関係でも変わりません。人は十人十色で、それぞれに個性という色＝らしさを持っています。たとえ、あなたの親や子ども、パートナーであっても、まったく違うらしさがあるのです。ですから、意見の食い違いがあるのは、当たり前。「これがあの子らしさ」「これがあの人らしさ」と素直に受け流しましょう。1つ1つに一喜一憂する必要はありません。

前提として「思ったようにはいかない」と思っておくだけで、あなたの自己効力感

は高まっていきます。

第4章では、自己効力感を回復させる具体的な方法として「リフレーミング」（265ページ）、「ポジション・チェンジ」（302ページ）など物事の見方を変えるテクニックを解説します。

そのほか、下がってしまった自己効力感への瞬発型の対処法として、第3章では次のような方法も紹介。すぐにできることばかりなので、ぜひ実践してみてください。

- 少しだけ歩いてみる（175ページ）
- 明日、着る服を決めておく（200ページ）
- 休日だからこそ、早起きをする（204ページ）
- 5分だけ掃除をする（208ページ）

第 4 感

自己信頼感

自分を信じられる感覚
──セレンディピティを引き寄せる

「勇気」と「自信」は自分でつくれる

私は自分の講座でよくこんなことを話しています。

私たちが感じることはすべて自分自身がつくり出していることです。

勇気も自信も、苦しみも後悔も。

だから、勇気がなければ、勇気をつくればいい。自信がないなら、自信をつくればいい、と。

じつはこの話、自己肯定感を支える〝6つの感〟と深く関わっています。なぜなら、自己効力感を磨くことが勇気をつくることになり、自己信頼感を高めることが自信を持つことにつながるからです。

つまり、**勇気と自信は自分でつくることができる**のです。

自己信頼感とは、自分を信頼して行動する感覚です。

アメリカの思想家ラルフ・ウォルドー・エマソンは**「根拠のない自信こそが絶対的な自信である」**という言葉を残していますが、私たちは自分を信じ抜くことでどんな困難な状況でも人生を切り開いていくことができます。

挫折感に打ちひしがれたときも自己信頼感を回復させれば、再び立ち上がり、やり抜くことができるのです。また、自己信頼感が高まっていると、自分の選択に自信が持てるので直感力が鋭くなります。

私は自己信頼感を「自己肯定感の木」の葉の部分に当たると考えています。

葉が光合成によって木の成長を促すように、自分を信じ、自信を持つことはあなたの人生を豊かなものにしてくれるからです。自分を信じ行動すれば、たくさんの葉の芽を出すことができます。逆に不安になり萎縮すれば、枝があっても葉を生みだすことも、葉の新しい光合成によって活性化することもできないのです。あなたの人生を活性化し輝かせるのは、あなたの自信にかかっています。

自己信頼感が損なわれてしまうと、何事にも消極的になり、挑戦していたことを途中で諦めがちになります。すると、自己効力感も失われ、当然、自己肯定感は下がってしまうのです。

アドラー心理学の創設者アルフレッド・アドラーは「人間は自分の人生を描く画家である。あなたをつくったのはあなた。これからの人生を決めるのもあなた」と述べています。そして、エマソンは『自己信頼』という著作のなかで、「自分自身に従順であれ」とアドバイスしています。

自分に自信が持てず、まわりの人や世間の基準に従順でいると、いつまでもさまよい歩くような人生が続きます。がんばっても充実感を得られないという人は、自己信頼感が著しく低下しているのかもしれません。

自分に従順であるとは、自分に自信を持ち、自分の価値観に従うという意味です。

それはわがままになり、好き放題に生きるということではありません。

自分自身を信じ、従うということは厳しい道です。周囲と衝突することもあれば、一時的に収入が減ることもあるでしょう。それでも、自分の信じた道をまっとうする力です。

自分自身に従順であれば、自己信頼感は損なわれず、やり抜く力を発揮し、やり通すことができます。そして、そんな姿勢で生きる人のまわりには、必ず味方が現れ、手を差し伸べてくれるようになるのです。

自己肯定感を支える〝6つの感〟のなかでもっとも重要な〝感〟だと言えるかもしれません。そんな自己信頼感を低下させてしまったクライアントの事例を紹介したいと思います。

事例

7

ことの大小に関係なく、どんな行動に対しても躊躇してしまうんです

――仕事における躓きがきっかけで自信を失ってしまった

30代女性

- 朝、家を出るとき、髪型がうまくまとまらないから家を出たくなくなり、仮病を使ってしまった。
- 取引先に電話をするとき、今かけていいかな？　どうかな？　と迷ってしまう。
- 上司に提出した書類への反応がないと、何か問題があったのかも……と気になってほかの仕事に集中できない。

これはカウンセリング中、クライアントの三谷さんが小さな声でつぶやいた最近の

悩みです。この他にもいくつも「小さな気になる」が重なり、思ったような毎日が送れないと悩んでいました。

元々、内気な性格ではあったという三谷さん。しかし、ここまでいろんなことが気になり、自分の意志で行動に移すことを躊躇するようになったのは最近のことだと言います。

きっかけとなったのは、人事異動でやってきた職場の直属の上司。押し出しが強く声の大きな上司に、書類の記入ミスを同僚の前で厳しく指摘された日を境に、「またミスをするのでは。重要な仕事でやらかしてしまうのでは……」と不安が高まるようになったと言います。

その後、仕事以外の日常生活でも些細な出来事に悩む時間が増え、行動力がなくなった自分を実感していると打ち明けてくれました。

なぜ、小さなことが気になって神経をすり減らしてしまうのか？

髪型、電話のタイミング、上司からの返事。三谷さんの悩みを知って、「小さなことでくよくよ悩むなよ」と思う人もいることでしょう。

しかし、自己信頼感が下がり、自己肯定感が低下しているとき、日ごろは誰かに「小さなことでくよくよ悩むなよ」とアドバイスしている人でも、小さなことが気にかかって悩むようになったりします。

自分で自分のことを信じられない状態になると、選択に自信を持てなくなり、つねに「これでいいかな？」と自問自答するようになるからです。

自己信頼感が下がると、些細なことが気になって仕方がない状態になります。

たとえば、自己信頼感が低下しているときは、人やものや社会生活のあらゆるものへの信頼も低下します。

自己信頼感を失うと、青い葉であっても、急に枯れて落ち葉のようになり、生きていくことさえもつらくなってしまうのです。

けれどもじつは自己信頼感が低下したときこそが、その人の、自己肯定感を高める最大のチャンスなのです。

「すべては、なんとかなる」「私はラッキーだから大丈夫」と思えること、根拠なき自信をつくり出せることが、三谷さんの最大のチャンスになるのです。

ネガティブな思い込みを断ち切る2つのテクニックとは？

上司に提出した書類に返事がないのは、何か問題があったからだ。

この心理プロセスは、思い込みからくる不安です。自己信頼感が下がり、自分のことが信じられないため、ネガティブな思い込みを否定することができず、不安が増していきます。

この自動思考を断ち切るには、2つの方法が有効です。

1つは、**ネガティブな思い込みを「ネガティブな思い込み」だと自覚する**こと。

もう1つは、**「ネガティブな思い込み」を手放す**ことです。

私が三谷さんにおすすめしたのは、**「課題の分離」**という「ネガティブな思い込み」を自覚するためのテクニックと、**「もうやーめた！」**と声に出し、「ネガティブな思い込み」を手放していく「脱フュージョン」です。

「課題の分離」はネガティブな心理プロセスに陥っているとき、その原因がどこにあるのかを仕分けていくテクニック。「脱フュージョン」は心理療法の現場で使われている不安な感情を切り離すテクニックです。

どちらも使い方を覚えれば、すぐに実践することができます。狙いは、思い込みからくる不安をとり除くことで自分を信じられる状態へと回復させ、自己信頼感を上げることです。

三谷さんには第4章で紹介する「課題の分離シート」を使って、上司との間にあるさまざまな問題を、上司の問題なのか自分の問題なのかに分けてもらいました。

たとえば、上司の反応がない、これは上司の問題であって、三谷さんの問題ではありません。だから、それによって上司の顔色をうかがうといった行動をとる必要はないのです。

そして、最終的には脱フュージョンの「悩むの、やーめた！」を口癖にするように伝えました。**言葉の力は偉大**です。潜在意識に入り込み、ネガティブな負の感情を書き換え、ポジティブな正の感情にしてくれるのです。

最初に伝えたように自己信頼感は大切な〝感〟です。課題の分離で切り分け、脱フュージョンテクニックでポジティブな感情をつくり出せば、自己信頼感は勝手に高まってくれます。

自分を信じるという自己信頼感は、木の葉が光合成を行うように新しい力を生み出します。木の葉が、嵐にあったときに全体を守るようにあなたを守ってくれます。

挑戦するときには、枝を覆うようにカバーしてくれます。花が咲くようにあなたの成功を力強く押し上げてくれます。落ち葉となっても肥料となり、どんなときもやり抜く、この先の人生の大きな糧となります。

事例

8

仕事のプレッシャーに耐えられません…

――高い目標設定に押しつぶされる

40代男性

カウンセリングにやってきた40歳の岩田さんは生真面目なタイプで、コツコツと一生懸命に仕事するビジネスマンでした。20代は要領のいいタイプの同僚に比べると目立たない存在だったものの、30代になると、コツコツ積み上げてきた取引先との信頼関係が実績につながり、確実に出世していきました。

任される仕事は大きくなり、部下も増え、社内でも一定の評価を得ています。ところが、仕事には終わりがありません。目標を達成するたび、会社からは期待を込めて、もっと高い目標が設定されます。

任された以上、達成したい。岩田さんはそう考え、でも部下の負担はできるだけ増やしたくないと、自分が残業し、休日出勤することでなんとか仕事を捌《さば》いていました。

しかし、いよいよメンタル的に追い込まれたのでしょう。がんばりでは処理できない仕事量を前に、「終わらない。でも人に頼れない」という思いが募り、会社に向かうのとは逆方向の電車に乗り、無断欠勤。

「このままではいけない」とカウンセリングを受けに来たと話してくれました。

なぜ、がんばればがんばるほど、追いつめられてしまうのか?

先ほどの三谷さんの事例と同じように、岩田さんの悩みも、ほかの人から見ると「なぜ、人に頼れないと思ってしまうのか」「仕事はできるんだから、もっと要領良くやる方法があるはずなのに」と思ってしまう内容です。

しかし、自己信頼感が低下すると、物事をネガティブに解釈してしまいます。そして、自己肯定感も低下し、ネガティブな負のループに入ってしまったのです。

認知心理学では物事の解釈の仕方を**「メンタルモデル」**と言いますが、岩田さんは「こんな自分が、誰かに助けてもらうのは申し訳ない」「今までできていたのに今回できないのは、自分のがんばりが足りないせいだ」と自己否定的なメンタルモデルになっていました。

この状態を抜け出すには、メンタルモデルを変えていく必要があります。

そこで、おすすめしたのは「瞑想」です。マインドフルネスがブームのようになり、いくつもの瞑想法が紹介されていますが、私は自分でアレンジを加えた「中島式マインドフルネス瞑想法」を実践しています。

瞑想は心をリラックスさせ、不安、恐れ、心配といった人間が根源的に持っている防衛本能の働きを緩めてくれるのです。

ビル・ゲイツなど偉大な経営者も大きなプレッシャーをコントロールするために瞑想をおこなっています。瞑想をすると、自己信頼感が高まり、防衛本能が自己否定という強い心のブレーキとなっている状態を、自己肯定という強い心のアクセルの状態へと変化させてくれるのです。

岩田さんには、出社前の時間に「中島式マインドフルネス瞑想法」を、会社でしんどいなと感じたときには1分でできる「パーミング」というヨガの瞑想法を試してもらうようにしました。

自己否定的な「メンタルモデル」を書き換える

私たちの脳には、達成されたことよりも、達成されなかったことや中断されたことを気にする性質があります。これは「ツァイガルニクス効果」と呼ばれ、中途半端な状態になっている物事を無意識のうちに気にかけてしまうのです。

これは気になる次回予告や映画の予告編を人に見せることで、続きを視聴させる、映画館に足を運ばせるなど、ビジネスの世界でも応用されています。

その働きは悩みにも当てはまり、岩田さんのように真面目で堅実な人ほど、「終わらない」「達成できない」という悩みを抱えると、それがずっと気になり、心のなかで大きく膨らんでしまいます。

瞑想には、そういった思いをリセットさせる効果があるのです。

呼吸に集中し、気持ちを切り替えることで自己信頼感を回復させます。そして、自己肯定感が高まるとメンタルモデルがポジティブな方向に変化しますから、「部下の助けを借りる」「ノルマの低減や締め切りの延長」といった選択肢を選ぶこともできるようになります。たった1分でできる瞑想法で、自己信頼感が高まるのです。

そんな簡単なことではない、と思われる方は、ぜひ**「習慣づけするパターンの法則」**（人間は21日間同じことをやり続けると、その後も自動的に行うようになる）に倣《なら》い、まずは3週間、おこなってみてください。続ければ、確実に変わっていきます。

第4章では、自己信頼感を回復させる具体的な方法として「課題の分離」（247ページ）、「脱フュージョン」（299ページ）などのテクニックを解説します。

そのほか、傷ついてしまった自己信頼感の回復に使える瞬発型の対処法として、第3章では次のような方法も紹介します。すべてすぐにできることばかりです。

- 好きな風景のポスターや絵を玄関に飾る（174ページ）
- 仕事のデスクの上に好きな小物を置く（182ページ）
- バスタイムに目のヨガをする（197ページ）
- 30秒のマインドフルネス瞑想法（213ページ）

第 5 感

自己決定感

自分で決定できるという感覚
——自立して自分の人生を切り拓く

自分の人生どれくらいコントロールできていますか？

あなたはこんな質問を受けたら、なんと答えるでしょうか。

「自分の人生のどのくらいをコントロールできていると感じていますか？」

人間の感じる幸福度は「私が決めた！」という「人生を自分でコントロールできている感覚」に比例することがわかっています。

それも自分自身が成長していると実感できる方向に人生のコントロールができているとき、私たちはもっとも幸せを感じるのです。

このコントロールできている感覚と〝6つの感〟の1つである自己決定感は、深く関係しています。自己決定感は自分で主体的に決め、それをできるという感覚で、これが十分に得られているとやる気が高まった状態を維持できるのです。

あなたらしい人生を切り開き、花を咲かせるには、物事を自分で決めて歩んでいくことが欠かせません。

選択すること。決めること。それを司る自己決定感は、「自己肯定感の木」の花に当たると私は考えています。花が咲き、実がなることであなたの人生も次のステージへと進んでいくからです。

たとえば、2018年に神戸大学が2万人を対象におこなった研究でも、**自己決定感の高い人は人生の幸福度も高い**という結果が出ています。

研究チームは「日本は国全体で見ると〝人生の選択の自由〟の数値が低く、そういう社会で自己決定度の高い人の幸福度が高い傾向にあることは注目に値する」とも指摘しています。

この研究では、本人の自己決定度を評価するにあたって「中学から高校への進学」、「高校から大学への進学」、「初めての就職」を判断基準に採用。アンケートでは、社会に向かう節目での選択において「自分の意志で進学する大学や就職する企業を決めたか否か」を尋ねました。

自分の意志で主体的に進路を決定した人は、その後の人生でも自らの判断で努力し、目的を達成する可能性が高くなり、成果に対しても責任と誇りを持ちやすくなっていきます。それが結果的に自己肯定感を強くし、幸福感を高めることにつながっていくのです。

「私が決めた！」という自己決定感をどれだけ多く経験し乗り越えたかで、人生の幸福度の高低が決まってくるのです。

「自分で決めて失敗」と「相手にやらされて失敗」とでは、悔しいのは自分で決めて失敗したときです。「自分で決めて成功」と「相手にやらされて成功」とでは、うれしいのは自分で決めて成功したときです。

今、「人は人、自分は自分」といった感覚や、感情そのものが表出できない失感情の若い世代が増えていると言います。これは、自己決定感の不足が大いに関係しています。

感動とは感じて動くことです。自分で感じて動いたほうが、より大きな感動を得ることができます。結果がどうあれ、自己決定した結果が、より大きな幸せを感じさせるのです。

自分で決めたら、幸福度が増していく

また、先程、**自己信頼感が高まると直感力が磨かれる**と書きました。

直感による選択や決定の正しさは、複数の心理学の研究によって裏づけられています。たとえば、イスラエル大学がおこなった研究では、シンプルな選択においては、**90パーセントの確率で直感が的中する**という結果が出ています。

また、孫正義さんも実践しているということで有名になった「ファーストチェス理論」では、5秒で考えたチェスの一手と30分かけて考えた一手の86パーセントが同じ手になることがわかっています。

つまり、長い時間をかけて下した決定と直感の間に大きな差はないのです。孫さんも企画を採用する、しないの判断を下すときに不要な長考《ちょうこう》はしないと言います。

「決ーめた！」と主体的に決断したことを実行し、「ほら、うまくいった」という経験は、その後も直感的に決断を下すことを後押しし、私たちの行動力を高めます。

すると、即断即決できることで試行回数が増加。結果的に成功回数も増していき、次なるチャレンジに打って出ることへの恐れも少なくなるのです。これが**自己信頼感と自己決定感のポジティブな正のループ**となります。

逆に自分で主体的に物事を決め、実行する場面が減り、**自己決定感が低下していくと、周囲への依存度が増します。**会社で働いている人ならば、上司や先輩、取引先の意向を優先するようになり、人に決めてもらったことを実行するため、「失敗しても上司のせい」「うまくいかなかったら先輩が悪い」と他責的になっていきます。

また、親子関係であれば親の顔色を窺いながら、日々の生活を送るようになります。進学や就職といった人生にとって大きな選択をするときに親の意見だけに従ってしまうと、そこから先、自己決定感を欠いたまま歩んでいくことにもなりかねません。

依存的、他責的な態度が定着してしまうと、「誰かに聞かなきゃ」「確認しなくちゃ」と他人の決定に従うのが当たり前になり、いざ何かを決断しなければいけない局面に向き合ったとき、同じところで足踏みを続けることになります。同じ人生のネガティブな負のループを繰り返すのです。

そんな自分に気づいたとき、本人の自己肯定感は底を打つことになるはずです。

心理学の世界でモチベーションという言葉は「動機づけ」とも言われます。

そして、動機づけには大きく分けて**「内発的動機づけ」**と**「外発的動機づけ」**の2種類があります。スポーツでたとえると、「内発的動機づけ」は選手が「楽しいから練習する」「好きだから練習する」と、自ら主体的に活動している状態です。

自分が好きで楽しくプレーしているので、高いモチベーションで練習でき、試合に臨むことができます。

一方、「外発的動機づけ」は「コーチにやれと言われたから」「練習しないと試合に出してもらえないから」と目的を達成するための手段として練習に臨んでいる状態です。プレーしていることに変わりはないですが、「内発的動機づけ」に比べるとモチベーションは低い状態になります。

人生を楽しむためには、内的動機づけが欠かせません。つまり、「自分に○」をつけるためには、「私が決めた！」「ワクワクするからやる！」という感覚が必要になるのです。カウンセリング事例では、自己決定感を低下させてしまったケースを1つ紹介します。

事例

9

結婚か、昇進か…自分がどうしたいかわからなくなりました…

昇進、転勤、結婚…人生の重要な決断が一気にやってきて悩む

30代女性

人材派遣会社に勤める浅田さんは、35歳の独身女性で3年付き合っている彼氏がいました。そろそろ結婚もしたい。子どものいる人生を歩みたい。でも、仕事も楽しく、今の生活にも満足している。充実しつつも重要な決断が近づきつつあるプライベートを送っていると、ある日、会社で上司に呼ばれ、昇進を打診されました。

しかし、昇進すると勤務地が変わり、彼氏とは遠距離になる可能性があります。とはいえ、昇進を断るとそのポジションには入社当初に面倒を見ていた年下の男性社員が就くことになるようです。

仕事のキャリアだけを考えれば昇進の打診を受けるべきなのですが、結婚が遠のくかもしれないと思うとすぐには返事ができませんでした。

■ 彼氏との結婚を真剣に考える？　だったら、遠距離恋愛になる昇進はありえな

い？　でも、彼氏に結婚する気があるのかわからない……。

■恋愛と仕事を楽しむ今の生活をキープする？　でも、昇進して転勤してまで仕事をがんばりたい？　遠距離恋愛になってもなんとかなる？

■打診を受けて昇進したい。でも、そうすると遠距離恋愛に。結婚は遠のきそう……。

■昇進は諦める？　年下の社員が昇進するのを見てモヤッとしない？　仕事の楽しさが減っていくかも？

■いっそ会社を辞めて、専業主婦？　それは非現実的？

■そもそも私、結婚したいのかな？　子どもが欲しかったっけ？

年齢的な分岐点を迎え、どうすればいいのかわからなくなった浅田さん。これまでの歩みが順調だっただけに自己信頼感、自己決定感が大きく下がってしまい、カウンセリングにやってきました。

人は選択肢が多いほど決められない

Aか、Bか、Cか。でも、Aを選ぶとBがうまくいかなくなりそうで、Cなら納得できそうだけど、AとBが満たされなくなってしまう。選べる選択肢が豊富なぶん、どの道に進むのが最適かわからなくなってしまった浅田さん。

一般的に選択肢が多いことは良いことというイメージがあります。

しかし、脳科学や行動経済学の研究では、**選択肢の豊富さは私たちを悩ませ、決断力を鈍らせる**ことがわかっています。

人間の意思決定に関して研究しているコロンビア大学のシーナ・アイエンガー教授は、著作『選択の科学』のなかで、次のような興味深い実験を紹介しています。

アイエンガー教授ら研究チームは、スーパーの試食コーナーに24種類のジャムを揃えた週末と6種類のジャムを揃えた週末で、売上にどのような差が出るかを実験しました。

すると、ジャムの種類が豊富なときは多くのお客さんが集まり、売り場は大いに賑わいました。選択肢の多い試食コーナーはお客さんを「いろいろ選べる!」と楽しくさせ、多くの人を惹きつけたのです。

ところが、試食後にジャムを購入したお客さんの割合を調べたところ、結果は逆転。6種類のジャムを揃えた週末のほうが、良い売上を記録しました。

なぜかと言うと、選択が絞り込まれているほうが決断を下しやすいからです。この実験の結果は多種多様なビジネスに応用され、今では「豊富な選択肢を与えるよりも、選択肢を絞り込んで提示したほうが成果につながる」と考えられるようになっています。

人生の優先順位をはっきりさせる方法とは?

カウンセリングにやってきた浅田さんは、まさに豊富な選択肢に悩まされている真っ最中でした。

人生における悩みの多くは仕事（夢、将来、キャリア）、人間関係（結婚、恋愛、職場）、お金、健康に集約されると言われますが、まさに健康以外の要素に関係する決断の時が一気にやってきたのです。

自分の年齢も含め、あらゆる問題が複雑に絡み合う状況を前に「どうしたらいいのかな……」と思考停止。決められない自分に苛立ち、自己効力感、自己決定感を中心に自己肯定感を低下させてしまったのです。

こうした状況を変化させるには、一度、立ち止まって問題を整理する必要があります。そこで、私が浅田さんにすすめたのは、人生の優先順位をはっきりさせるための「タイムライン」とビジョンを具体化する「イメトレ文章完成法」でした。

また、**尊敬できる人を想像してもらい、「その人ならどうするか？」をイメージする**「レファレント・パーソン」も活用。最終的に浅田さんは「自分のお母さんのような温かい家庭を築くことに憧れていた」と気づき、昇進の話は断ることに。転勤のない今の職場での仕事を続け、彼氏との結婚を前に進めるという決断を下しました。

選択肢が多すぎて決められないとき、自己決定感の低下で悩んでいるときに重要なのは、あなたが主体的に決めやすい材料を切り出すことです。

何が自分にとって重要か。人生で大切にしていきたい価値観はどんなものか。日頃、曖昧になっている根本的な問いかけをしながら、「タイムライン」で1年後、3年後、5年後、7年後の自分の姿をイメージしていくこと。「尊敬するあの人なら、こんなときどうするかな？」と「レファレント・パーソン」を思い浮かべること。

そうやって絞り込んだ選択肢を実行した場合、どんな未来が待っているのかを「イメトレ文章完成法」で具体化していきます。

そうすれば、主体的に決めることができるようになり、結果として自己決定感も回復していきます。

選択肢が多いときは、まずは選択肢を絞ってみる。それでも、複雑に入り組んでいるときは、さまざまなテクニックを使い、本当の自分の答えはなにか？を問いただし自己決定していく。この繰り返しを人生のなかでおこなうことによって、自己決定感が高まり、幸福度も上がってくるのです。

第4章では、自己決定感を高める具体的な方法として「レファレント・パーソン」

（241ページ）、「タイムライン」（260ページ）、「イメトレ文章完成法」（291ページ）など、ビジョンを具体化するテクニックについて解説します。

そのほか、低下した自己決定感の回復に使える瞬発型の対処法として、第3章では次のような方法も紹介します。すぐにできることばかりなので、ぜひ実践してみてください。

- 「私ってイイ人！」と思って挨拶をする（177ページ）
- 好きなものだけを見る時間をつくる（187ページ）
- 立ち上がってみる（191ページ）
- 明日、着る服を決めておく（200ページ）
- 自分で決めて、楽しく実行する（206ページ）

第 6 感

自己有用感

自分は何かの役に立っているという感覚
――社会の中で自分らしさを発揮する

人は誰かの役に立ったとき、最大の幸福を得られる

ほんのひと言の声かけで、気持ちが楽になったり、ぽっと暖かくなったりした経験は誰しもあるものです。職場で交わされる、「おつかれさまです」や「おはようございます」は定型化していたとしても、ささやかな一体感を育んでくれます。

そして、「ありがとう」と言われるとうれしいのは、自分が誰かの役に立てたと実感するからです。

自己有用感とは、周囲の人や社会とのつながりのなかで自分が役立てているという感覚です。私は「自己肯定感の木」の実に当たると考えています。というのも、自己有用感と自己肯定感は密接に関係しているからです。

自己有用感があると、「自分にYES」と言うことができます。すると、自己肯定感が高まり、気持ちが安定し、相手にもYESを出せます。

相手が喜んだ顔を見て、こちらもうれしくなり、「相手を喜ばせることができた」

という「自己有用感」が得られ、さらに自己肯定感が高まるのです。

おいしい実がなり、それをプレゼントすることが社会への貢献となり、新たな芽が出て育っていく。そんなイメージを描くことができます。


自己有用感はビジネスの現場でもうまく活用されています。

たとえば、ディズニーランドやスターバックスなど、アルバイトが非常に優れた働きを見せている組織では、必ず現場で働く人同士が褒め合う仕組みが導入されています。一般的な会社の表彰制度は、上司が部下を「よくやったな」と褒める形になっていますが、ディズニーランドやスターバックスでは現場のキャストやアルバイトがお互いを褒め、もっとも評価の高い人が表彰されるそうです。

ディズニーランドの場合、キャスト1人ひとりが手渡された投票用紙に「すべてのゲストにハピネスを提供している」と思うナンバーワンのキャストの名前と、その人のいいところを書いて投票。得票数の多い人がMVPとして表彰されます。

一緒に働いているキャストほど、誰がお客さんのためになる本当のサービスを提供しているかを知っています。当然、上司の前でだけいい顔をしているタイプは、真っ先に評価の対象外になっていくわけです。

こうした仕組みがあると、現場の人たちはお互いが自己有用感を実感しながら働くことができます。当然、お客さんは気持ちのいいサービスを受けることができ、自然と「ありがとう」の声が出ます。

それを受けた現場の人たちの自己有用感、自己肯定感はますます高まり、いいサービスに磨きをかけるという好循環が生まれるのです。

自己有用感が高くなると、**私は社会の一員であり、私の存在は社会の役に立っているという安心感**が湧き出てきます。そして、私という存在は、人の役に立てる人間なんだと、「自分にYES」と言えるのです。誰かに「ありがとう!」と笑顔でいい、誰かから「ありがとう!」と言われることは、自己有用感を生みだす魔法の言葉です。

人は自分のためだけにはがんばれない

一方、私たちは自己有用感が低い状態になると、物事を諦めやすくなってしまいます。なぜなら、人は自分のためだけにがんばることが極端に苦手だからです。

私たちの先祖は狩猟民族も、農耕民族も集団生活を送ってきました。集団で狩りをし、集団で作物をつくり、生き抜いてきたのです。そのころの記憶は失われても、集団のなかで役立つ喜びは本能に深く根ざしています。

ですから、私たちは誰にも期待されていない状態では力を出すことができず、サボってしまい、継続力も発揮できません。逆に、誰かの役に立っていると実感できる環境では、少々負荷が大きくてもがんばれてしまうのです。

他人のために喜べるのは人間の特権だと言えるでしょう。

こうした自己有用感の重要性は、最新の調査データでも裏づけられています。

たとえば、2012年に行われた内閣府の幸福度に関する研究会の調査によると、「自己有用感が低いと現在の幸福感が低い」という結果が出ています。

また、ハーバード大学が75年以上にわたり、700人以上の人を対象に追跡調査を行った「幸福」に関する研究によると、「幸福度が高い人は人間関係が良好」という結果が出ています。

人間関係が良好であれば、自己有用感を実感することができ、自己肯定感が上昇。

幸福度が高くなるという仕組みです。一方、人間関係に問題を抱え、人づき合いが希薄になっていくと、自己有用感が得られないため、幸福度も低くなってしまいます。

誰かのために役立てる喜びと、それを実感する充実感。幸せに生きるために欠かせない自己有用感を得られないとき、私たちはどんな状態になってしまうのでしょうか。2つのカウンセリング事例を紹介したいと思います。

事例

10

休日に予定が入っていないと、とても不安なんです…

——虚しさ、寂しさ、孤独感にさいなまれる

40代女性

クライアントの原口さんは、「2週先、3週先、ときには数ヵ月先の休日まで予定を入れておかないと不安になる」と言います。就職以来、大企業の企画部門の業務に携わっていますが、「仕事は生活を支えるもの」という感覚。職場で接する人も同じ課の上司、同僚くらいと限られています。

そのぶん、休日は充実させたいと旅行に行ったり、コンサートに行ったり、スポー

ツ観戦に行ったり、茶道を習ってみたりと一見、アクティブに動いています。しかし、原口さんは「虚しい、寂しい」と孤独感に悩んでいました。

埋まっている予定の多くは1人でも参加できるものが多くなり、一緒に遊んでくれる友人は結婚や転勤など生活環境の変化もあって、年々減っています。ある日のカウンセリングでは、「週末に久しぶりに会おう」と言っていた友だちとの約束が直前にキャンセルになり、「どうやって穴埋めしたら……」と困惑していました。

なぜ予定を埋めても虚しさは埋まらないのか

年齢が上がるにつれて生活環境の変化に伴い、同世代の友人との付き合いは減っていきます。相手が結婚した、子どもが生まれ、親になったとなると、どうしても自分と比較して考えてしまいがちです。

すると、真面目な人ほど「独身の自分は……」と考え、自己有用感を低下させていきます。しかし、結婚も子どもも自分だけでは解決できない問題です。

その点、原口さんは1人で楽しめる予定をスケジュールの先まで入れていくことで乗り越えていたわけですが、1人での楽しさでは自己有用感はなかなか高まりません。スケジュールが空いている＝充実していない。社会とつながっていないと感じてしまう原口さんには、これまでを振り返って「やっていて充実感のあったこと」「好きなこと」を書き出してもらいました。

すると、歌を歌うことが好きだとわかったので、私は原口さんの生活圏にあるゴスペルサークルに入ることをすすめました。中高とキリスト系の学校に通っていたそうで、教会で賛美歌を歌う習慣があったこともわかり、ちょうどいいと思ったからです。

人とつながることで、人は充実感を得る

自己有用感を確実に高めるには、興味のある分野で人とのつながりをつくり、そこに参加している、役立っているという感覚を得るのが早道です。歌うということは全身運動で、前向きな気持ちになり、開放的なメンタルにもなります。

原口さんは、仕事ともプライベートとも違うコミュニティに身を置くこと、一緒にゴスペルを歌うことで、自己有用感を高められたのです。

また、私はゴスペルサークルに入ることにプラスして、休日の夜にその日にあった良かったことを3つ書くようにアドバイスしました。

1人で出かけた先で、起きた良いこと。そこで出会った人との会話で印象に残ったこと。心が動いた風景のこと。なんでもかまいません。3つの良いことを書き出すことで、休みの日を通じて得られた周囲の人や社会とのつながりが見えてきます。

それが自己有用感を高めてくれるのです。

原口さんはゴスペルサークルで歌うようになり、クリスマスには地域のホールのコンサートでステージにも立ちました。人が集まり、歌を聞き、拍手をしてくれる経験は自己肯定感を大きく高めてくれたようです。

自己有用感は周囲に左右されて高まります。自己有用感を高めるためにも、仕事や過去の経歴とはまったく無縁の**自己肯定感の高い人が集まるコミュニティに所属し、ありのままの自分をさらけだす**こと。これによって、自己有用感は高まったのです。

事例

11

まわりのみなはすごいのに、自分だけ結果が出ません……

――外資系企業に転職後、力が発揮できずに悩む

20代女性

カウンセリングにやってきた潮田さんは海外の留学の経験もあり、大学を卒業後、順調にキャリアを築いてきた20代後半の女性です。

中堅商社、ベンチャー企業と二度の転職を経験し、この春、外資系コンサルティングファームに入社。これまでの経験を生かして活躍しようと思っていたものの、入ってみるとまわりには英語だけでなく、中国語、フランス語などを操るトリリンガルの人材など、優秀な人がぞろぞろ。

潮田さんは思うように成果が出せず、自信を失い、会社が求める価値を提供できていないと感じ、自己有用感を失ってしまいました。

自分の小さな箱から飛び出す方法

潮田さんのカウンセリングに限らず、良いものを持っているのに自分と周囲の環境を客観視できず、力を発揮できずに悩んでしまうケースは多々あります。

そんなとき、私がおすすめするのは小さな箱から出る方法です。

潮田さんには、周囲の目を客観視するための「ポジション・チェンジ」と自分の夢を再確認してもらうための「タイムライン」を試してもらいました。**まわりの社員が優秀過ぎて、自分に活躍の場がないというのは思い込み**に過ぎません。

立場を入れ替えて、転職してきた自分に周囲が何を求めているかを想像することで、潮田さんは会社がなぜ、自分を採用したのかを改めて思い出しました。評価され、期待されていたのは、大学時代に留学していたインドでの経験とネットワークでした。

ほかの人にはない強みを生かすことで、語学力やコンサルタントとしての経験値の差は埋められます。そのうえで、3年後、5年後、7年後のキャリアを思い描いたことで、潮田さんはやるべきことをとり戻してくれました。

自分を大きく後押ししてくれる言葉とは？

本人が気持ちを立て直したところで、もうひと押し勇気を持ってもらうために「レファレント・パーソン」も使いました。

潮田さんの尊敬する人は、ココ・シャネル。20世紀を代表するファッションデザイナーで、自らの手で人生を切り開いた女性です。

そこで、シャネルの名言から気に入ったフレーズを選んでもらい、普段、目にするところに貼ってもらいました。

「人生は1度きり。だから思いっきり楽しむべきよ」

「わたしは自分の歩む道は、自分で決めるわ。だって、自分の人生だもの。人はいろんなことを言うかも知れないけど……たとえ、その道が大変でも自分で選んだ道なら納得できる。それが人生ってものじゃない?」

ふとしたときにこのフレーズが目に入ることで、「ココ・シャネルならどう考えるかな?」と自分の置かれた状況について客観視することができます。

そして、名言にモチベーションをもらいながら行動することが、結果的に周囲の人を助けることにもなり、自己有用感を高めてくれるのです。

自己有用感が低下しているときは、視野が狭くなっています。視野を広げるために、偉大な賢人の生き方や在り方に触れるだけでも、自分が小さく感じられ、「なーんだ、こんなことで悩んでいたんだ」と感じることができます。

そして、自分がどのようにするべきかも知るきっかけになります。自己有用感が高いことも幸福感が高いことにつながっている。このことを知るだけで、自己肯定感が勝手に高まります。

詳しくは第4章で解説しますが、「レファレント・パーソン」はあなたが本当にすごいと思っている人であれば、誰でもかまいません。

イチローだったら? 松下幸之助だったら? 流川楓《るかわかえで》だったら? イエス・キリス

トだったら？　ナイチンゲールだったら？　ジャンヌ・ダルクだったら？　と。

その人の生き方、残した言葉などを写し鏡にすることで、自己有用感だけでなく、他の〝感〟も高めてくれる非常に役立つテクニックです。

第4章では、自己有用感を回復させる方法として「レファレント・パーソン」（241ページ）、「タイムライン」（260ページ）、「スリー・グッド・シングス」（285ページ）、「ポジション・チェンジ」（302ページ）の具体的なやり方を紹介します。

また、瞬発型のテクニックとしては第3章で次の4つを紹介。すぐにとり組めるものなので、ぜひ試してみてください。

- 「私ってイイ人！」と思って挨拶をする（177ページ）
- 良好な関係の人と話す（193ページ）
- 5分だけ掃除をする（208ページ）
- 夕暮れどきは、明るいところに行く（211ページ）

第 3 章

自己肯定感が一瞬でパッと高まる方法

かんたんに今すぐできる
小さなコツ

「ヤッタ！　ラッキー！　もっとできる！」

自己肯定感タイプ診断
あなたは何色を選びましたか？

オビの裏にある、自己肯定感タイプ診断、いかがでしたか？

あなたが選んだのは、「赤」「黄」「青」「緑」、どれでしたか？

じつは直感で選んだこの色で、あなたの性格タイプがわかるのです。ここではそのタイプ別に「自己肯定感が高まる言葉」をお伝えします。


「赤」を選んだあなた。あなたは、**「クラッシュタイプ」**です。情熱的で、エネルギッシュ、決断力があります。そんなあなたに贈る言葉は、

「すべては必ずもっと良くなる」

「黄」を選んだあなた。あなたは、**「アクセルタイプ」**です。楽しいのが大好き。探求心があって、好奇心旺盛なタイプです。そんなあなたに贈る言葉は、

「あなたはあなた。そのままでいい」

「青」を選んだあなた。あなたは、**「ニュートラルタイプ」**です。穏やかで人に安心感を与え、愛情の深いタイプです。そんなあなたに贈る言葉は、

「大丈夫。ありのままのあなたでいい」

「緑」を選んだあなた。あなたは、**「ブレーキタイプ」**です。新しいことが好き。そのぶん気配り上手で、和を重んじるタイプです。そんなあなたに贈る言葉は、

「大丈夫。この先の心配は何もない」

ぜひ自己肯定感が下がっているなと思ったら、つぶやいてみてください。

さて、もし、あなたが今、「最近、なんとなくうまくいっていないな」「何が原因かわからないけど、モヤモヤした気持ちが消えないな」と悩み、「そんな自分はダメなのかも……」と自己否定し始めているとしたら、ちょっと深呼吸してから聞いてください。

元気がある日もあれば、ない日もあるのが人間です。

あなたから見ると眩しいくらいに活躍している人も、1年前は深く落ち込み、どん底にいたかもしれません。ちょっと天気が悪いだけで体調のバランスが崩れ、元気がなくなることがあるように、自己肯定感も日によって上がったり、下がったりします。

大切なのは、「元気が出ないときがあってもいい」「落ち込んでしまうときがあってもいい」と自分にささやいてあげること。そして、自己肯定感をとり戻すための小さなコツを身につけておくことです。先ほどの「自己肯定感が高まる言葉」もコツの1つ。

本章ではそんな「自己肯定感が一瞬でパッと高まる方法」を24個、紹介します。どれも今すぐ簡単にできるものばかりですが、驚くほどの効果があります。なぜ効果があるのか解説もありますから、ぜひ納得のうえ生活のなかにとり入れてみてください。

ウィークデーに自己肯定感を高めるワーク

朝、目覚めて外を見て曇り空だと「ああ、どんよりしているなぁ」と思い、テレビから流れる暗いニュースを聞いて「世の中、悪くなっているのかな」と息を吐く。

私たちは物事を見聞きしたとき、とりあえず自分なりの評価を下す性質があります。これは自己防御機能と呼ばれ、安全を確保しながら生きていくための知恵として備わってきた本能です。

たとえば、朝一番で感じた気分「今日はどんより曇っていても、なんだか調子が出ないな」は、初対面の人への第一印象のようなもので、あなたが今日1日どんなふうに過ごしていくかに深く関わってきます。

しかし、ここで下した評価はその瞬間の自分が決めた一時的で主観的な印象でしかありません。同じものを見ても、同じ話を聞いても、同じことがあっても、時と場合によってはまったく評価が異なるのはめずらしいことではありません。

「ま、いっかー」と思える日もあれば、「ちょっとショック」と凹んじゃう日もありますし、「信じられない！」と憤慨する出来事も「おもしろいねー！」と笑えてしまうこともあります。

大切なのは、今、自分が下した評価、感じた気分というのは一時的で主観的なものに過ぎないと知っておくこと。そして、自己肯定感が低くなっているときには物事への評価がネガティブな方向に流れていきやすいことを覚えておいてください。

これから紹介していく瞬発型の「自己肯定感が一瞬でパッと高まる方法」は、そんな物事の評価をポジティブな方向へ向かわせるためのテクニックです。

「もしかしたら、曇り空も悪くないかも」

「暗いニュースもあるけど、いいこともあるしね」

「今日は調子が出ないなりに、どう凌ぐか工夫してみよう」

といったように、日常生活のなかにちょっとしたアクションを組み込み、低くなっている自己肯定感をひょいっと持ち上げていきます。

自己肯定感が高くなると、自分や身の回りの人や物事、景色をポジティブな方向で受け止め、明るい評価を下せるようになります。

もちろん、それで問題が万事解決するわけではありません。しかし、「もうダメだ」「やっぱり私にはできない」と自己否定することなく、「ダメならダメで、なんとかなるでしょ」「今回はいい経験になったな。次はうまくやるぞ」と問題を肯定的に捉えていくことができるようになるのです。

まずは、仕事や学校、家事、子育てなど「やるべきこと」が多く、自分でコントロールすることのできない時間の多いウィークデーに使える「自己肯定感が一瞬でパッと高まる方法」から紹介していきます。

あなたの日々の生活に照らし合わせ、試しやすそうなものからとり入れてみてください。

1 「ヤッター！」のポーズ

朝、目覚めたらまずは窓を開けましょう。

晴れでも、曇でも、雨でも、雪でも、外の空気を室内にとり入れます。

そして、グーッと伸びをした後、顔を上向きにして両こぶしを上に突き上げ「ヤッター！」のポーズをとりましょう。声を出せる方は声を出すと、もっと自己肯定感が高くなるでしょう。声を出せない方は心のなかで言ってください。時間は一瞬でかまいません。

たったこれだけのアクションで、感情が「快」の状態になり、1日のスタートが上向きになります。実験でも、「ヤッター！」のポーズをとることで血流が良くなり、脳内で恐怖を感じたときに出るコルチゾールが下がり、勇気のホルモンと呼ばれるテストステロンが増えることが証明されています。

脳科学の研究や生理心理学における研究でよく登場するものに、「サーカディアンリズム」があります。人間は約24時間のサイクルで脳波や体温、血圧などが規則的に変化するというものです。

「ヤッター！」ポーズは、このサーカディアンリズムという体内時計を整えるためにも有効です。体は朝の太陽の光で体内時計をリセットし、新しいリズムを刻みます。

「ヤッター！」ポーズでリセットすると、新しい1日を清々しく過ごすことができるのです。

前日に嫌なことがあっても、眠りがその嫌なことを忘れさせ、「ヤッター！」ポーズで起き抜けに「快」の感情をつくり出すことで、1日の始まりから自己肯定感を高められます。

この「ヤッター！」ポーズは、人間関係に悩んだり、仕事に行きづまったり、恋愛でもやもやしていたり、子育てに不安を抱えている方にもおこなってもらっています。

大吉さんは、小学校2年生の娘さんの「無理。」という口癖にイライラし、手を上げるほどになってしまい、自己嫌悪に陥って、私のところにきました。

そこで、日々使う言葉を肯定語にしてもらうリフレーミングの方法に加え、毎朝、この「ヤッター！」ポーズをおこなってもらいました。

すると、これまでは毎朝、もやもや・イライラした気分でスタートしていたのが、徐々に「今日も新しい1日が来てうれしい！　なんとかなる！」という気分でスタートできるようになり、イライラがなくなってきたのです。自己肯定感が高まり、娘さんの「無理。」という言葉も、「娘から、まだ頼りにされているのだな」と思えるようになりました。

そして、驚くことに、1ヵ月後には、娘さんも一緒に「ヤッター!」ポーズをとるようになり、娘さんの「無理。」が「大丈夫。」に変わったのです。自己肯定感は親子間連鎖(世代間連鎖)もします。あなたの「ヤッター!」はあなたとあなたの周囲の自己肯定感をも高めるのです。

ちなみに、大吉さんには、日中の仕事時間に娘さんを思い出したときも、トイレで「ヤッター!」ポーズをしてもらいました。心がリセットできてリフレッシュし、仕事もうまくいくようになったそうです。

2 鏡のなかの自分にポジティブな言葉をかける

鏡を見るとき、どう感じるかによって自分の自己肯定感の変化を知ることができます。社会心理学の観点から言うと、愛しい人やモノや動物を見るとき、人間は、愛しいという肯定的側面しか見ない

といいます。一方、嫌いな人やモノや動物を見るときは、否定的な側面から見るといいます。

あなたが毎朝、鏡のなかの自分に、「今日もいい感じ」「髪型も似合ってる」など、肯定的側面を見ることができているならば、あなたはすでに自己肯定感が高いでしょう。しかし、「私の顔って冴えないな！」「やっぱり髪型が決まらない……」などの否定的な側面を見ているなら、あなたの自己肯定感は低下しています。

また、朝、顔を洗うとき、鏡を見て「なんて、シワが増えたんだろう」「今日はいつも以上にくすんでる」「こんなにむくんで仕事にいきたくない」など、嫌なところを探して気にしているときは、いつもより自己肯定感が下がり気味かもしれません。

逆に「意外と私ってイケてる！」「今日は1回で髪も決まった」「新しい洗顔料合っているかも」など、ポジティブな評価を下せるときは、自己肯定感が上がっている証拠です。

自己肯定感が低下し、自己否定、自己嫌悪に陥っているときに、一瞬で自己肯定感を高める方法があります。

それは、ポジティブな肯定語を鏡のなかの自分にひたすら言うことです。自己肯定感が低下しているときは、ネガティブな思い込みがあなたの心を支配しています。そこで、この「アファメーション」をおこないます。

自分にポジティブな肯定語を伝えることで、あなたの潜在意識が書き換わります。アファメーションは、意識を書き換えるのに、簡単かつ効果的と言われている脳科学のテクニックです。

一瞬で気分が「快」になり、「私ってイケてる！」「私はツイてる！」「私は大丈夫！」そう思えるようになります。あなたの自己肯定感がスーッと高まるのです。

そして、「快」の気分で自分の顔と向き合うと、ネガティブな面よりもポジティブな面に注意が向くようになり、仕事も恋愛も人間関係も子育ても、人生そのものが楽しくなります。

朝であれば、「うん。今日もがんばれそう！」と自尊感情や自己受容感が満たされた状態で1日を始めることができ、夜であれば「今日もがんばった」「大丈夫。全部うまくいっている！」と自己信頼感や自己有用感を感じながら1日を終えることができるようになります。

3 好きな風景のポスターや絵を玄関に飾る

自己肯定感が低下しているときは、自己を否定し、視野が狭くなり、他者にもノーと言っている状態ですから、不安や緊張感が増している状態と言えます。

こういうとき、自分にとって安心できる空間である家から外に出るときに、無意識のうちにネガティブな感情になるものです。

「また満員電車に乗るのか」「午後の会議、憂鬱だな」「上司の顔を見たくないな」と出かけた先で起きる嫌なことを思い出します。すると、感情が「不快」になり、ますます自己肯定感が下がってしまいます。

そんな変化を抑えるためのテクニックが、「好きな風景の映ったポスターや絵を玄関に飾る」です。

あなたが見て「きれいだな!」「行ってみたいな!」「癒やされるな!」とポジティブな感情になるポスターや絵があれば、ぜひ玄関に飾ってみてください。人は心地よさを感じた瞬間に、脳から「エンドルフィン」というストレスが軽減される物質が分泌されます。すると、勝手に自己肯定感が高まります。

行ってみたい街の風景写真や大好きな画家の代表作、何度となく読み返したマンガのキャラクターなど、気持ちが上がる1枚ならなんでもかまいません。

玄関という感情が動く場所だからこそ、「今日も楽しく行こう！」「おつかれ、今日もがんばったね！」とポジティブなメッセージが心に入ってきます。家から出るとき、帰ってきたとき、そこにあるポスターや絵を目にすることで、「快」の感情にスイッチすることができるのです。

4 少しだけ歩いてみる

友だちとカフェで会話、1時間経ち、共通の友人のネガティブな愚痴話に発展。そこで、トイレに中座。戻ってきたときに、「そう言えば、この間、あの温泉に行って～」と、急に違うことを思い出し、ポジティブな会話に切り替わる。

仕事が大量に残ってしまい、先が見えなくなり焦りが募るばかり、ジュースを買いに販売機へ、戻ると心が落ち着いてやる気が復活……。

少しだけでも歩くことが脳にいいことは、脳科学でも実証されています。スタンフォード大学の研究では、歩いている人のほうが平均で60パーセント思考能力がアップすることがわかっています。それは、外でなくとも室内を歩いても十分に効果があるそうです。

人は歩くと脳からセロトニンという物質が分泌され、爽快感を生みだします。セロトニンは、その他にも、不安解消・多幸感を生み出します。

ですから、物事に行きづまったとき、気晴らしに少しだけ歩けば、意欲が向上し、思考力が増します。自己肯定感が低下しても、ネガティブな思考を意識的にリセットすることができるのです。

「どうしよう……」「なんで？」と悶々と悩み始めてしまったら、とにかく少しだけでもいいので歩いて気持ちを切り替えましょう。勝手に自己肯定感が高まります。

「すぐに少しだけ歩く」を習慣化するだけで、自己肯定感の低空飛行に陥らないですみます。「なんとかなるさ！」「これから楽しい！」という気持ちも湧いてくるでしょう。そして、あなたの悩みが一瞬で小さくなります。

5 「私ってイイ人！」と思って挨拶をする

自己肯定感が低下していると、誰かと会うとき、「相手は自分のこと覚えてないかも」「もしかして、嫌われているかもしれないな」など、自分は人から認めてもらえてないという思い込みに囚われてしまいます。

そういうときは、「返報性の原理」を使いましょう。この原理は、「人は他人から何らかの施しを受けた場合に、お返しをしなければならないという感情を抱く」という心理です。そして、「私ってイイ人！」と自分を肯定しましょう。

ネガティブな感情を抱く人に会うとき、

■ （私ってイイ人！）「おはようございます」

■（私ってイイ人！）「今日もよろしくお願いします」
■（私ってイイ人！）「こんにちは」
■（私ってイイ人！）「お時間をつくっていただき、ありがとうございます」

上司や同僚、取引先の人など、苦手な人と顔を合わせたときには必ず、「私ってなんてイイ人なんだろう」と思って、あなたから挨拶をするのです。

どんな状況でも挨拶が無視されることはまずありません。そして、意外とフレンドリーな反応が返ってくるものです。

「おはよう」に「おはよう」が返ってくることで、自分からアクションを起こし、それに対して肯定的なリアクションがあったと感じ、ささやかながらも自己決定感、自己有用感が満たされます。

あなたがキラキラしていると、周囲もキラキラを返してくれます。

「私ってイイ人！＋挨拶」たったこれだけで、嫌いな人、苦手な人が一瞬で普通の人になるでしょう。一瞬で自己肯定感が高まれば、対人関係にもプラスの効果を発揮してくれます。

6 トイレで手のツボを触る

デスクワークの多い人は、緊張や運動不足からくるストレスにさらされています。頭に血液が集まりがちになり、血流も悪くなって、頭が重い、目が疲れる、首や肩が凝る、のぼせるといった症状が出やすくなります。

そして、こうした不快な体の症状は自己肯定感を低下させる原因にもなるのです。

そこで、小休止の時間にトイレの個室で手のツボを触りましょう。手は第二の脳と言われています。ありとあらゆる神経が手にもあるのです。手を刺激するだけで脳が活性化され癒やされて、勝手に自己肯定感が高まります。

トイレはオフィスのなかで1人になれる数少ないプライベートな空間。リラックスしながら5分程度、手のツボをもみもみと刺激します。

手には毛細血管が多く集まり、効率よく血流を改善することができます。頭へ集まっていた血液が末端の毛細血管に流れてくることで、血圧が下がり、副交感神経が優位になって体はぽかぽか。気分が「快」のモードに切り替わっていきます。

効果のあるツボは複数ありますが、ここでは刺激しやすく効果の高い3つの場所を紹介します。

■合谷《ごうこく》

万能ツボの代表格で痛み全般と、悪くなった気の巡りの改善に効力を発揮すると言われています。現代人を悩ます目・肩・腰の痛みに最適・最強のツボです。

合谷は、人差し指と親指の骨が交わる部分のくぼみにあります。親指の腹を当て、小指の方向に向けて骨に当たるように押し回しましょう。

■労宮《ろうきゅう》

自律神経を整え、緊張を緩める働きがあり、自己肯定感を高めるうえで役立つツボです。労宮は、手を握った

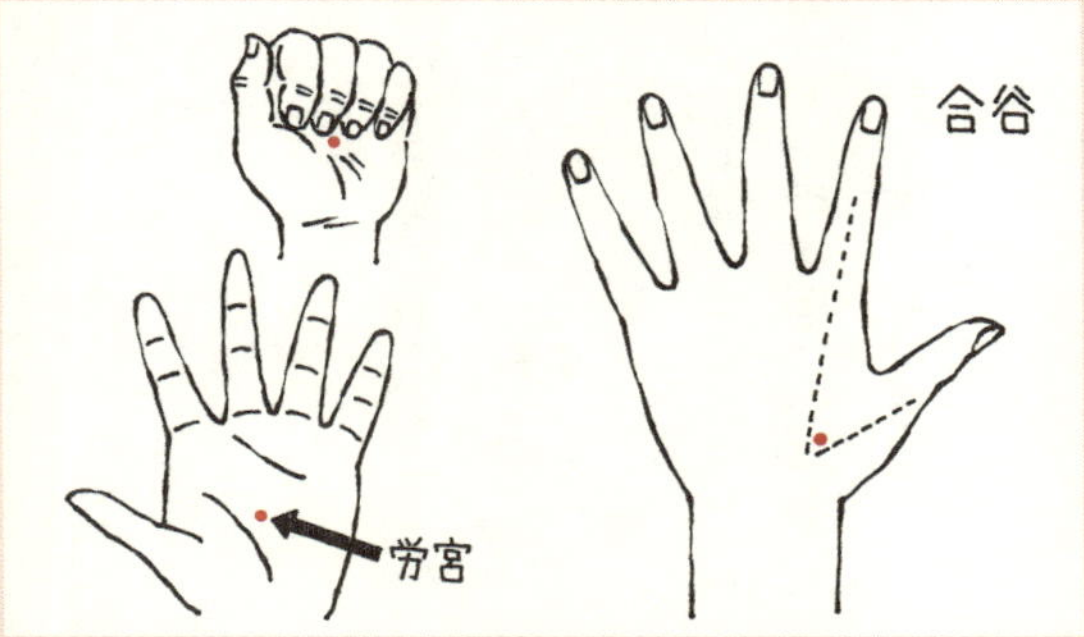

とき、手のひらに中指と薬指が当たるポイントの中間地点にあります。親指の腹を当てて、もんだりさすったりしましょう。

■ 指先のツボ（少商《しょうしょう》、商陽《しょうよう》、中衝《ちゅうしょう》、関衝《かんしょう》、少衝《しょうしょう》、少沢《しょうたく》）

いずれも指先にあるツボです。頭や目を刺激し、頭部の血流を活性化。眠気を遠ざけます。爪の脇と指先を反対側の指で強くつまんだり、爪を立てて押したりしましょう。少し痛いくらいの刺激でかまいません。頭がすっきりしてくるはずです。

この3つのツボを押しながら、「よくがんばってる私（俺）！」と肯定語のテクニックを使いましょう。「副交換神経を活性化させてリラックス&自分にYES！」の組み合わせで自己肯定感がグンと高まり、次への意欲が湧きだしてくるでしょう。

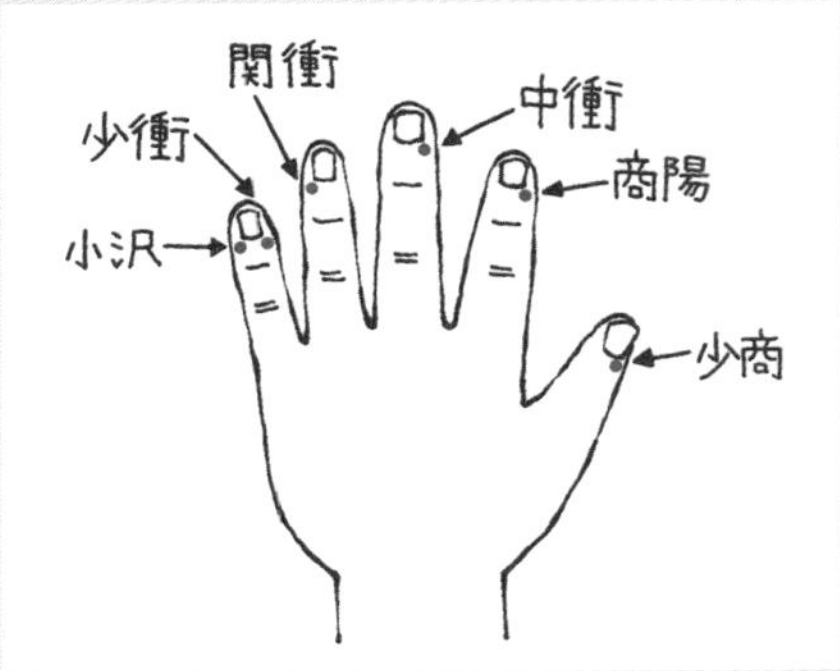

7 仕事のデスクの上に好きな小物を置く

仕事場のパーソナルスペースに、あなたが心地よいと感じるアイテムはありますか？　自己肯定感が低下すると、集中力が持続せずに、やる気もなくなってきます。そうすると、ネガティブな思考に陥り、行動もネガティブになりがちです。

環境心理学では、人間と環境は1つで成り立ち、環境とは、物理的な環境だけではなく、パーソナルスペースや他者の存在でもあり、その環境の変化によって人間のパフォーマンスが変化するとしています。

あなたの仕事環境のパーソナルスペースに大嫌いなアイテムがあれば、あなたは、ネガティブで不快な感情になります。大好きなアイテムがあれば、あなたはポジティブな快の感情になります。ポジティブな感情は自己肯定感を引き出し、ネガティブな感情は自己否定感を引き起こします。

ですから、あなたのパーソナルスペースである自分のデスクに、お気に入りのアイテムを置きましょう。家族の写真を入れた写真立てでも、好きなフィギュアでも、小さなぬいぐるみでも、多肉植物でも、ご当地キャラのグッズでもかまいません。目で見て落ち着くもの、クスッと笑えるものが安心感を生み、不安感を遠ざけ、自己受容感、自己信頼感を回復させてくれます。

個人的には、くしゅくしゅと手触りの良いアイテムや香りの良いアイテムがおすすめです。視覚だけでなく、触覚、嗅覚からも心地好い刺激を受けることで、より高い自己肯定感の回復効果を得ることができます。

自己肯定感が低下し、仕事や人間関係に行きづまったとき、「楽しい、楽しい」とつぶやきながら、くしゅくしゅ。気持ちがほぐれていきます。

8 PCから目線を外して眼球を休ませる

「目は心の窓」と言われますが、目は脳と直結している特殊な器官です。

脳から出ている末梢神経は12種類ありますが、そのうち3つの神経、三叉《さんさ》神経、視神経、動眼神経が目につながっています。そして、脳が処理している情報のうち8割以上が、視覚を通して集められているのです。

仕事中や勉強中を思い返してみると、あなたも自分がどれだけ目を酷使しているか、すぐに気づくはずです。

パソコンのモニターを長時間見つめ、紙の資料を読み込み、休み時間にはスマホのゲームでリラックス。現代の暮らしは目を酷使する生活と直結しています。私たちは1日のうちの多くの時間を、1点に視点が固定化された状態で過ごしています。

携帯電話がないころは、今よりも何倍も視点を動かして生活していました。電話に出るのにも移動が必要でした。移動するということは景色が変わる。つまり、視野が変化する生活をしていたのです。視野が変化すれば感情も動き、ストレスの軽減につながっていくのです。

ですから、情報の入口である目の疲れは、物事の認知を歪め、ネガティブな評価を下す方向に影響していきます。つまり、目の疲れを解消させると、自己肯定感を高めることができるのです。

目の疲れの原因の1つは「目のまわりにある筋肉の緊張」です。

眼球は外眼筋《がいがんきん》という6本の筋肉で支えられていて、パソコンやスマホのディスプレイをじっと見続けるなど、長い時間、目を動かさないことで疲労を蓄積していきます。

また、目のレンズである水晶体の厚さを調節してピントを合わせるための筋肉、毛《もう》様体筋《ようたいきん》も、近くを見続けるなどの負担がかかると、疲労します。

こうした目の疲れの解消には、筋肉の緊張をほぐすことです。

「おつかれさまー」と声をかけ、目を休ませてあげましょう。

■ 目を温める

「目を温める」ことによって、目のまわりの筋肉の血流が改善されます。

血の巡りが良くなると、筋肉を動かすためのエネルギーが円滑に運び込まれ、同時に疲労物質が排出されます。その結果、目の疲れが軽減されるわけです。

電子レンジで温めた蒸しタオル、ドラッグストアなどで購入できるホットアイマスクなどを使い、5分ほど目元を温めると、ぽかぽかして筋肉がゆるみ、眼精疲労の

他、ドライアイなどのつらさも軽減されます。

■目のストレッチをおこなう

まぶたをギュッと固く閉じ、その後パッと大きく開きます。これを数回繰り返した後、次に眼球をゆっくりと上下左右に動かしましょう。これを3セットほどおこなったら、仕上げに眼球を右回りに1回転、左回りに1回転、ゆっくりと円を描くように回します。

ギュッパ、ギュッパ、ぐるぐる、ぐるぐる、です。

目のまわりの筋肉がほぐれて疲れがとれるだけでなく、まばたきをすることで乾燥していた眼球に潤いをとり戻す効果もあります。

あなたの体をあなたが整える、それだけでも、自尊心が育まれ、あなたの体も心も安らぎます。目を一瞬、休ませる、それだけで、自己肯定感が勝手に高まるのです。

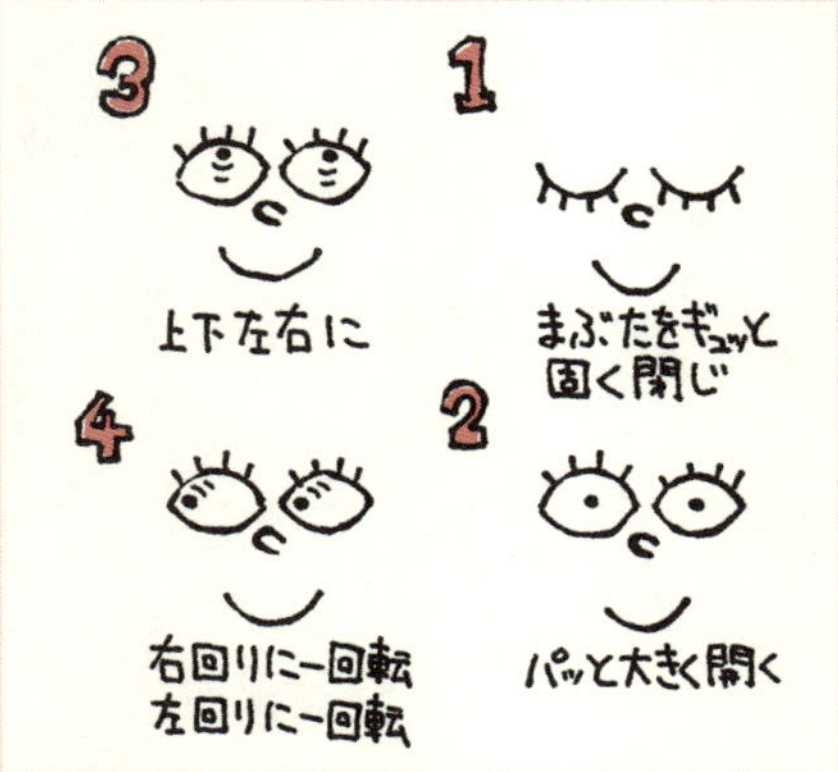

9 好きなものだけを見る時間をつくる

自己肯定感が低下すると、「最近、何も面白いことない」「この連続で人生が終わってしまうのではないか」「毎日、同じことの繰り返しでつまらない」など、今の時間に疑問を持ったり、虚しくなり、やる気が失せていきます。

そうならないためにも、1968年に、アメリカの心理学者エドウィン・ロック教授により提唱された目標設定理論を使いましょう。目標設定理論では、「人は目標を設定すれば、高いモチベーションをもたらす」としています。

ですから、スキマ時間、昼休みなどの休憩時間、仕事からいったん、自分を切り離し、好きなものを見る時間をとりましょう。

旅行好きの人なら、ガイドブックや旅ブログ、海外の風景写真を見ながら、「今度の連休はここに行こう」。スイーツ好きの人なら、過去に食べたスイーツの写真を振り返ったり、人気店の新メニューのチェックをしながら、「来週末、友達と食べに行こう」。

サッカーが好きなら、試合のダイジェスト映像を眺めたり、サポートするチームの次の試合のニュースを読みながら、「いつか海外へ観戦に行きたいな」など、自分の好きなことと楽しいことへの目標を設定するのです。

こういった時間を10分とるだけでも自己決定感が回復し、リフレッシュ効果が得られます。モチベーションも高まり、仕事が楽しくなっていくでしょう。10分の時間を肯定的に過ごす。この連続ですべてが変わっていきます。

10 仮眠をとる

日本の睡眠研究のパイオニアである井上昌次郎・東京医科歯科大名誉教授は、

「睡眠は脳をつくる、脳は睡眠をつくる、睡眠は脳を守り、修復し、賢くする」

と、睡眠の役割を明快に説明しています。

私たちは脳を酷使したあとは、睡眠による休息をとり、神経を修復する必要があるとされています。ですから、睡眠不足のときに不愉快な気分や意欲低下がおきます。

これは、脳の機能が低下しているためであって、休息が必要なのです。ですから、睡眠不足は自己肯定感を低下させるのです。眠りの足りない人ほど、「自分はダメだ」「なんとなくイライラする」といった自己否定的な感覚を抱くのも当然です。ということは、寝不足の解消は、自己肯定感を勝手に高めてくれるのです。

そこで、昼休みなどの休憩時間を利用して、目を閉じ、じっと休息することで疲れと眠気をとり、脳を回復させるパワーナップという仮眠方法を試してみましょう。

パワーナップは、コーネル大学の社会心理学者ジェームス・マースが提唱する仮眠方法で、15~20分、目を閉じ、うとうと休息をとるというもの。その効果は夜の3時間の睡眠に匹敵すると言われています。

パワーナップをおこなう際は部屋の明かりを消した状態で横になり、目を閉じ、ゆっくり呼吸する状態が最適とされています。しかし、椅子に座った状態で目を閉じ、腕を枕にして突っ伏し、呼吸のペースを落とすことでも同様の効果が得られることもわかっています。

周囲の物音や光が気になる場合は、耳栓やアイマスクを用意しておくといいでしょう。会社などの環境で、その場で昼寝ができないという人はトイレや人通りがないベンチでもいいでしょう。たった15分の仮眠で愉快な気分になり意欲が向上するのです。1日15分で1日ぶんの自己肯定感が勝手に高まってくれる。試してみましょう。

11 おやつを食べる

自己肯定感が低下すると、私は認められていないのではないか、迷惑になっているのではないか、役に立ってないのではないか、というストレスフルな心理状態になりやすくなります。

このような状態は、緊張やストレスから起こります。脳科学的には、ストレスの緩和をおこなう役割があるセロトニンが不足し、ストレスが蓄積され、結果として緊張の心理状態が生じやすくなり、どんどん自己肯定感が低下していきます。

そこで、セロトニンをつくるために役立つ方法としておすすめなのが、好きなもの

を食べること。好きなものを食べる行為は、満腹中枢を満たします。そして、口唇欲求も満たされ、心を落ち着かせ、自己受容感を回復させてくれます。

そして、噛《か》むという行為には、緊張状態を弛緩状態に変えていく効果があるのです。大好きなものを、噛んで食べる。この行動だけで、幸せホルモンといわれるセロトニンが出て、感情を「快」に変えてくれます。

チョコを食べる。ガムを噛む。ちょっとしたおやつで大丈夫です。スキマ時間に自分をリラックスさせる小さなプレゼントを贈りましょう。たったそれだけで、あなたの自己肯定感が勝手に高まるのです。

12 立ち上がってみる

仕事中、「なんか集中できなくなってきた」「座りっぱなしでもやもやする」など、少し自己肯定感の低下を感じたら、立ち上がってみましょう。少し歩いてもいいかもしれません。「座っていることは喫煙に等しい」というたとえもあるほど、長時間座っていることには弊害があるのです。

科学誌『サイコロジカル・サイエンス』において、「立っていることが思考に良い影響を及ぼし得る」という主張を科学的に裏づける新たな研究結果が発表されました。研究チームはボランティアで調査に参加した人たちを2つのグループに分け、一方には座って、もう一方には立ったまま、「ストループテスト」を受けてもらいました。このテストは1930年代半ばに心理学者ジョン・リドリー・ストループが報告した「ストループ効果」の計測のために考案されたものです。

ストループ効果は、脳が異なる刺激を同時に受けたときに経験する判断の「遅れ」を説明するものであり、脳の処理能力を測るうえでもっとも信頼されている方法の1つとされています。

結果は、わずかな差ですが、座っていたグループより立っているグループの情報処理能力が高かったということです。

立つだけで私たちの脳の情報処理能力は引き上げられるのです。ずっと座っているよりも、時折、立つことによって、私たちは集中力を高められるのです。とどこおっていた物事も進んでいくのです。

とはいえ、意味もなく立ち上がるのは気が引けるかもしれません。社内にオープンスペースのある会社なら、ノートパソコンを持って行き、作業スペースを変えてしまう。5分だけとコンビニに行く。自動販売機で飲み物を買う。トイレに行って、手を洗う。

そんなふうにして、ちょっと立ち上がり、目に入る景色を変えるだけで自己効力感、自己決定感が回復し、自己肯定感が高まります。

「あ、無理」と思ったら、すっと立ち上がって気分を変えましょう。

テクニック1の「ヤッター！」ポーズを組み合わせると、より効果的です。

13 良好な関係の人と話す

自己肯定感が低下している人は、対人関係で問題が起きないように、自分が相手に合わせるということを繰り返しています。これは、大きなストレスになります。

表面的には人づき合いが上手で友だちも多く、職場のムードメーカー的な存在の人でも、自己肯定感が低下していると「誰も本当の自分をわかってくれる人はいない」「努力し続けないと人は離れていく」と空虚な思いや不安を抱えてしまうものです。

自分をつくって、人に好かれるという状態によって、ますます自己肯定感をすり減らすことになります。とはいえ、職場や学校でありのままの自分を出し切るのは難しいもの。

そこで、そういったオフィシャルの場から離れたところで、「そのままのあなた」を受け止めてくれる友人、恋人、家族、趣味の仲間などと会う時間をつくりましょう。

愚痴を聞いてもらうのもいいですが、できれば未来の予定や計画を話すことです。何も壮大な夢でなくても、「今度、おいしいものを食べに行こう」「人気のスイーツの店に行ってみよう」など、気を許せる相手とのつながりを再確認できるような未来の予定を立てましょう。

また、地位や名声や年齢を超えて、仕事も未来もまったく関係ない、ざっくばらんな愉快なことだけの会話ができる友人もつくりましょう。趣味の世界、仕事以外の話から、世界が広がり視点が変わります。日常生活におけるさまざまな役割から解放され自由になり、人のことを気にする束縛からも解放されます。

そうすると、自尊感情や自己有用感が満たされ、自己肯定感が回復していきます。

自由に話すことは、あなたの頭のなかにゆとりのスペースをつくります。会話をするだけで、新しい思考や新たな気づきを得ることができる自己肯定感が高い状態をつくることができるのです。

14 寄り道をする

人間の心はつねに新しい刺激を求めたがる性質を持っています。同じことの連続、変化のない生活の連続をずっと続けていると、「今日もいつもと同じことの繰り返し」と日常がマンネリ化してきます。

いつもと同じ道で会社へ通い、同じ風景を眺め、同じ人間関係で、同じお店へ行き、いつもと同じ食事をする。同じことの繰り返しはたしかに安定していて不安があ

りません。しかし、刺激が少なくなります。刺激がなくなると、私たちの心はそれだけで疲れてきて、自己肯定感が低下しネガティブな感情の負のループに陥っていくのです。

そのためにも、心に刺激を与えることが大切です。自己肯定感を高い状態に保つためには、1日のなかに、楽しいご褒美の時間を用意することが有効です。

たとえば寄り道をする時間をつくるというのはいかがでしょうか。

好きなものを売っているお店に寄って新作を買ってみる。ジムに行って汗を流す。高級スーパーに立ち寄ってみる。ウィンドウショッピングを楽しみながら、試着したり、帽子をかぶってみたり、アクセサリーを付けたり。刺激となる時間を、あなたがつくる方法はたくさんあります。

お風呂が好きな方は、銭湯に行って大きな湯船で一汗流して、すっきりするのもいいかもしれません。どんなことでもかまいません。ほんのちょっとのことでも、ほんのちょっとの時間でもいいのです。

大人の寄り道は、「自分の時間に戻ってきたよ」というスイッチとなり、あなたを元気にします。そして、あなたの自己肯定感を勝手に高めてくれるのです。

15 バスタイムに目のヨガをする

自己肯定感が低下すると緊張状態が続きます。緊張を弛緩させるのに有効なのがバスタイム。お風呂に入ることには、それだけでリラックス効果があります。また、浴室内は完全にプライベートな空間。ずっと固定してみていたPCやSNSからも解放される時間です。ここでリラックスして心と身体の凝りをほぐし、バランスを整え、自己受容感を高めれば、勝手に自己肯定感が高まるでしょう。

さらに、入浴中にヨガの「パーミング」をおこなうのもオススメです。

パーミングは、目の疲労をとるのに効果的な方法。両手をこすり合わせ、手のひらを温めて、まぶたに手が当たらないようくぼみをつくり、両目を覆います。光が入らないよう指の間をしっかりと閉じたら、まぶたを開け、手のひらのなかの暗闇を1、2分見つめましょう。手の温もりで視神経が和らぎ、眼精疲労がとり除かれます。1日中、酷使したあなたの目の疲れがとれ、スッキリさせることができます。

心も体もほんわかリラックスできて、目の疲れもとれれば、イライラや不安が解消され、自己肯定感がどんどん高まります。

16 セルフハグ

自己肯定感が低下しているときは、自分のネガティブな側面にフォーカスして、後悔したり、明日を思い悩んだりしてしまいます。仕事を終え、帰宅したら、ゆったり、まったり、ほんわかできる服に着替え、右手で左肩を、左手で右肩をぐっと抱きしめてください。自分で自分をぎゅーっと抱きしめるセルフハグです。

精神科医で中毒学を専門とするミシェル・ルジョワユーはこう強調しています。

「幸福感をもたらすホルモンは、他のホルモンとは違って、私たちの手の届く範囲にあるのが特徴です。日々の行動や食事、健康管理によって、３大神経伝達物質であるセロトニン（心の安らぎに関与）、エンドルフィン（一種の脳内モルヒネ）、オキシトシン

（愛情や精神的安心感のホルモン）の分泌を、自分で刺激することができるのです」

セルフハグは自分で刺激する作業です。そして、セルフハグを8秒するだけで、この3大神経伝達物質が出てくるのです。なぜ8秒かというと、私たち大人が深呼吸すると、だいたい8秒になるからです。

深呼吸と同じ秒数、セルフハグする。

それだけで、自分に優しくなれます。自分に余裕があれば、他人にも優しくなれるのです。もし、人を思いやれない自分を自覚したら、そんなときこそ、セルフハグをしましょう。もっと、自分を大切にしてみましょう。あなたの最大の味方はあなた自身ですから。そして、こう言って自分を褒めてあげましょう。

「ありがとう、私」

「がんばっているぞ、俺」

「どんどん良くなっているよ、私」

「毎日、エライぞ、俺」

最初はちょっと恥ずかしいかもしれません。でも、思い切り抱きしめ、褒めてみてください。すると、自分を受け入れる気持ち、すなわち自己受容感が満たされ、自己肯定感が勝手に高まっていきます。

17 明日、着る服を決めておく

自己肯定感が低下すると、朝、洋服をなかなか決められない、朝、忙しいのに髪型も決まっていない気がする、と些細なことが気になったりします。そして、どんどん時間が経ち、さらに自己肯定感が低下していくのです。

有名なエピソードですが、スティーブ・ジョブズは公の場に出るとき、いつも同じ服装をしていました。上半身は黒のタートルネック、下半身には色落ちしたリーバイスの501、足元はグレーのニューバランスのスニーカー。「毎日の服を選ぶ」という行為は、思いの外、負担の大きなものです。

スティーブ・ジョブズは、そのストレスに対してあらかじめ着る服を決めることで対処していたわけです。同じように、フェイスブックの創業者であるマーク・ザッカーバーグも、いつもグレーのシャツを着ています。

彼らを真似して前の日の夜、次の日に着る服を決めておくと、次の日の朝、無駄に悩む時間が減り、自己効力感、自己決定感が高まります。可能であれば、クローゼットに7本のハンガーを用意し、月曜日から日曜日までの着る服を上から下まで全部用意してしまいましょう。着替えの際にハンガーをとり出せば、終了という仕組みです。

いかがですか？　そもそも、朝、洋服や髪型に悩んだ時点で自己効力感や自己決定感が下がっています。つまり、自己肯定感が低下している指針になるのです。

1週間も決めるのはたいへんだという人は、明日着る服を寝る前に決めるといいでしょう。自己肯定感が勝手に高まり、気持ちよく出かけられるでしょう。

18 十分な睡眠をとる

自己肯定感の高低と脳の疲れは直結しています。脳の疲れと睡眠も直結しています。つまり、自己肯定感を高めるには、脳の疲れをとる睡眠が欠かせないのです。な

ぜなら、脳の疲れをとる唯一の方法は、眠ることだからです。

2008年にストックホルムで行われた研究によると、5時間という短い睡眠を続けた人たちの脳は、通常の睡眠時間に戻して1週間立った後でも100パーセント正常な状態には回復しなかったそうです。ちなみに、短時間睡眠でも脳に影響がないショートスリーパーと呼ばれる人たちは全人口の数パーセントしかいないとされています。

睡眠不足は判断力などを下げるだけでなく、物事をネガティブな方向からしか見ることができなくさせ、自己肯定感を低下させます。

寝不足の朝は不快なもので、1日の始まりを憂鬱にします。疲れて不機嫌で、自己肯定感の低いまま8時間仕事をするのと、十分な睡眠をとり、上機嫌で集中しながら仕事をする8時間のどちらがすばらしいかは比べるまでもありません。安心して深い眠りのとれる環境を整え、質の高い睡眠を実現させましょう。

良質な眠りのポイントは、

1■光をコントロールすること

私たちは朝になると、コルチゾールが分泌され日中のやる気や集中力をもたらしてくれます。そして、夜が近づき、辺りが暗くなってくるころには、セロトニンやメラトニンというホルモンが出て、眠りへといざない始めます。この2つのホルモンの働きで深い眠りに入れるようになります。そのために、朝、起きたら日光を浴びて、寝る前は極力、スマホ・PC・テレビを見ないようにしましょう。

2■ 寝る直前はリラックスすること

ベッドに入ったら、今日の反省もせずに、明日のことも考えない。未来の夢を妄想してリラックスしましょう。

睡眠の仕方を改善すれば、脳の疲れがとれます。そうすると、体の疲れもとれます。そして、日常が楽しくなります。よく眠ること、それは、自己肯定感が勝手に高まっていくことと同じなのです。

ウィークエンドに自己肯定感を高めるワーク

ウィークデーに使えるテクニックに続いて、今度は自分で時間をコントロールしやすいお休みの日に実践したい「自己肯定感が一瞬でパッと高まる方法」を紹介していきます。

19 休日だからこそ、早起きをする

自己肯定感を勝手に高めるもっとも簡単な方法。それは、休日だからこそ、いつもより早起きすることです。

休日ですから、早起きして眠くなっても好きな時間に

好きな場所で、テクニック10のパワーナップの法則が十分に使えます。いつでもどこでも15分の仮眠をとって、自己肯定感をさらに高めることができるのです。

また、先述したサーカディアンリズムによると、脳は、目覚めてから2時間の間にもっともクリエイティブなワクワクする思考力を発揮することがわかっています。このゴールデンタイムを活用するために、ぜひ休日こそ、早起きしてみてください。

そして、今後の人生のプランを練ったり、興味のあるジャンルの本を読んだり、将来につながる勉強をしたり、次の買い物や旅行の計画を立てたり、自分へのご褒美の時間として使いましょう。

休日の朝に寝溜めすることはあまりおすすめできません。一番ワクワクする時間を眠りに使ってしまうからです。どうしても寝溜めしたいなら、朝は早起きをして日中に仮眠をたくさんとるか、夜、早い時間に寝ましょう。

実際に私の1万5000人の臨床経験からも、サーカディアンリズムを伝え実践してもらったところ、不眠が解消され、うつやパニック障害、登校拒否・出社拒否が改善された症例がたくさんあります。

睡眠によって回復した脳を、朝の2時間ワクワク思考でフル回転させることで、大きな充実感を得られます。

朝のゴールデンタイムを活用するだけで、ワクワクする楽しい時間を過ごすことができ、将来に向け、役立つ知恵を身につけることができるのです。

その確かな実感が、自尊感情、自己効力感、自己決定感を満たし、自己肯定感をぐんぐんと高めてくれます。

20 自分で決めて、楽しく実行する

自己肯定感が低下しているときは、すべてが曖昧で決めることもできなくなります。最近、何かにすぐ悩むかも、そういう自分ができてきたら自己肯定感が低下したサイン。

こういうとき、パッと切り替えてサクッと自己肯定感を高める方法があります。

それは、休日は自分で好きなことをする無理のない計画を立て、楽しく実行することです。

映画鑑賞、買い物、スポーツ、散歩、料理、ゲームなど、好きなことのジャンルはどんなものでもいいですし、1人の時間を持つということでも、みんなで遊ぶということでも、初めての体験をしてみるというのでもかまいません。

本当にそのときの自分が、「これがいい！」と思ったものなら、なんでもいい。「1日中、家のなかでボーッとする」と計画したら、それでもいいのです。

大切なのは、計画を立て、実行することです。

「1日中、家のなかでボーッとする」計画が実行できたら、「自分に○！」をつけてください。さらに、計画以外のボーッとするほかのこともできたなら、「もっと自分に○！」をつけると、1日をしっかり過ごした充実感と幸福感が味わえます。

これは、想像力を働かせ、計画を立てることが前頭葉を刺激し、立てた計画を実行することが幸福度と密接に関係している自己決定感を満たすからです。

実際、2016年にアメリカのアイダホ大学が800人の休日を調査した研究でも、計画的な休日の過ごし方の重要度は立証されています。

この研究によると、自分で休日の予定をコントロールできていると思う人の幸福度は高く、新しいことにチャレンジしている人ほど自己肯定感を高めていることがわかったのです。

一方、休日であっても何のプランも立てず、ぼんやり過ごしていると、幸福感は低いままでした。しかし、同じように家でぼんやりしていたとしても、「この週末は本気でボーッとする」と決めていた場合、計画した「ボーッ」とができただけで幸福度が高まるという結果になりました。

つまり、自分で決めて段取りした過ごし方ができると、人は幸せを感じ、自己肯定感を高めることができるのです。

21 5分だけ掃除をする

自己肯定感が低下する理由には、前述したようにマンネリ化、刺激のなさがあります。慣れにより感情の

ゆらぎがないと、脳の快楽分泌物が出ない状態になり、停滞してしまうのです。

たとえば、恋愛関係。付き合って半年、休日はいつものパターン、会話もなくなってきた、そんなときに、ディズニーランドへ行こう、となったら一気に、テンションがあがり楽しくなり自己肯定感が高まります。

そこでちょっとした刺激を与えるために、休日にほんの5分でもいいので、部屋の掃除をしてみましょう。

掃除をする場所にも自己肯定感を高めるポイントがあります。玄関や流し台やお風呂場や洗面台など、いつもよく使う場所をきれいにするのです。ベッドの下やTVの裏側など見えないところをきれいにするのは、たいへんな割にはそれほど達成感は高まりません。それより、日常使うところをほんのちょっと5分だけ掃除します。これだけで、自己効力感や自己決定感が増し、自己肯定感が勝手に高まって楽しい1日を送れるでしょう。

また模様替えをすることも日常に変化を起こすので、自己肯定感を高めるには効果的です。

たとえば、玄関マット、ドアノブのカバー、ランチョンマットなど日常使いのほんのちょっとしたこと1つでいいのです。模様替えをするだけで、気持ちが新しくなり、自己肯定感が高まります。

一気にグーンと自己肯定感を高めたいときは、不要なものをサッサと捨てることです。捨てる際のポイントは、半年使わなかったものは緊急性・重要度がないものと判断します。何かあったら100円ショップで買えばいい、それくらいの潔さを持って、とっとと捨てましょう。

大切なモノは部屋の押し入れに入れましょう。今の自分に必要な物が明確になるので、目標に向かう行動力が培われます。環境にスペースができると視野が広がり、心のスペースも広がります。心にゆとりができて、「いろいろあってもなんとかなるさ！」と一気にグーンと自己肯定感が高まります。

また、部屋のインテリアのなかで大きな割合を占めているモノを替えるのも、自己肯定感を高める秘訣です。たとえば、カーテンなどです。その際、環境色彩心理学を用いるとより効果的です。たとえば、次を参考にしてください。

■ 青……青は集中力を高める効果があるので、人間関係が入り組み、自己信頼感、自己有用感が低下気味のとき、回復させる効能が期待できます。

■赤……赤は興奮や情熱を与える色で、発想力を高めてくれます。仕事で勝負をかけたいときなど、赤の力を借りることで自尊感情、自己決定感を高めることができます。

■緑……緑は安心感を与える色。仕事やプライベートでストレスを感じているとき、自己受容感、自己効力感を回復させます。

いかがですか。ほんのちょっとの工夫が自己肯定感を勝手に高めてくれます。

22 夕暮れどきは、明るいところに行く

自己肯定感が低下していると、夕暮れどきや休日終わりの夕方に寂しさを感じ、自己肯定感が下がりがちになります。

私の場合はパニック障害の予期不安が夕暮れどきに15年間も続いていました。脳の

内分泌的にも、日没に向けて、セロトニンが少なくなって、抑うつ的な状態になることがわかっています。その時間帯に副交換神経が優位になり、車でいうとアクセルからブレーキをかける状態になるのです。

夕方に気分が落ち込むのは正常なことなのですが、自己肯定感が低下しているときは、わけもなく行きづまりを感じたり、モヤモヤしたり、イライラしたり、後悔したり、切なくなったり、自信を喪失してしまうのです。

そんなときは、人が多くいる場所へ出かけましょう。人が多くいる場所は照明も明るく、気分まで上がります。

ショッピングモール、コンビニエンスストア、セレクトショップなど、ざわざわと賑やかな場所に身を置くことで社会とのつながりを感じ、自己有用感が上昇します。

人の動きも感じられ安心感も得られます。完全に日が落ち、夜になってから帰宅することで、休日の終わる寂しさや夕暮れどきの寂寥感《せきりょうかん》をうまくやり過ごすことができるのです。明るい雰囲気の場所は、あなたの自己肯定感を勝手に高めてくれる格好の場所です。

23 30秒のマインドフルネス瞑想法

自己肯定感が低下しているときは、焦り・不安・恐れが多くなり、終わってしまった出来事やまだきていない未来に焦点を当ててしまいます。「今、ここ」の私に、集中できないのです。そこで、1日の始まりや終わり、もしくは、1週間の終わりでもあり、新しい1週間の始まりでもある日曜日に、ほんのちょっとの時間、30秒でかまいません。「今、ここ」の私にフォーカスする瞑想をおこなってみましょう。

ここでは、正しい呼吸のリズムを保ちつつ、大地と天のエネルギーを感じる「中島式マインドフルネス瞑想法」を紹介します。

中島式瞑想法は、タオの思想の入った瞑想法です。タオとは、古代中国の思想で、長い年月をかけて、自然や星の動きと人間の行動心理、健康、運命の流れを観察して発見した、宇宙に貫徹している原理原則のことです。

タオでは、人間の心も体もタオに従い、人間そのものが小宇宙であるとしています。ですから私たち人間も、宇宙に生かされる1つの小さな存在として、体内の小宇宙を調和させ、タオに感謝してナチュラルに生きることが、もっとも幸せで快適で健康な生き方であるとします。

「中島式マインドフルネス瞑想法」は5つのステップに分かれていますが、大人の深呼吸の平均8秒を3回の約30秒を1回行うだけです。自己肯定感をもっと高めたい方は、1回30秒を3回繰り返してください。

1 丹田に意識を集中させます

両足をそろえて立ち、丹田（おへその下）に手のひらを当てて、意識を集中させます。これは丹田にある横隔膜や腹直筋の動きを意識し、呼吸をコントロールするためです。

2 ゆっくりと鼻から息を吸います

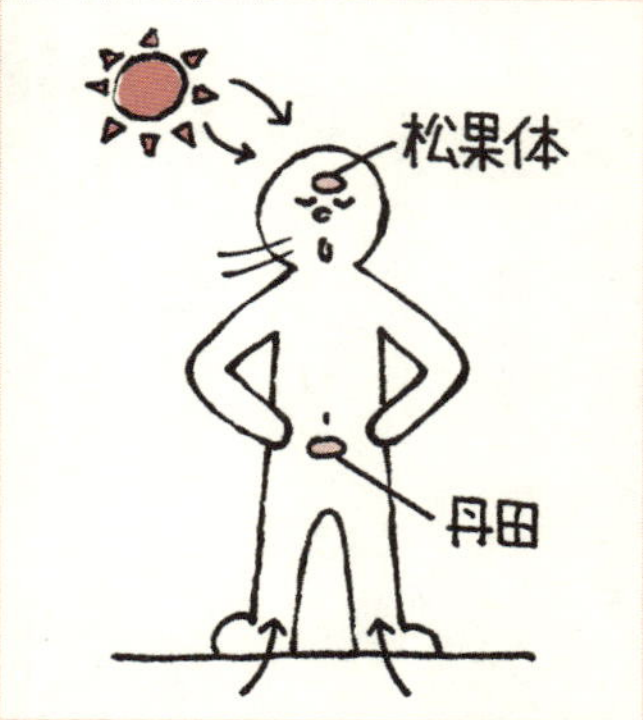

肩幅に合わせて足を開き、両足の裏で地面をしっかり踏みしめ、地球を感じるイメージを膨らませます。そして、足元の地球からマグマの熱エネルギーが頭上に抜けていくようなイメージを抱きながら、鼻からゆっくり息を吸っていきましょう。

3｜ゆっくりと口から息を吐ききります

息を吐ききるとき、「みなが幸せになりますように」と心のなかでつぶやきます。周囲の人をリスペクトして、ありのまま受け入れることは、ありのままの自分を受け入れることにつながり、自己肯定感を高めてくれます。

4｜頭からエネルギーを得るイメージを持ちます

昼間であれば太陽を、夜であれば北極星を意識してください。最初はまぶしいというイメージを持ち、眉間の奥に位置する脳の松果体《しょうかたい》と呼ばれる部位に光のエネルギーが入るという想像をします。その際、呼吸は鼻からゆっくりと吸い、口から長く細く吐いていきましょう。

5　大地と天からのエネルギーとつながったイメージを持ちます

最後に足の裏から感じる大地のエネルギーと頭上の太陽や北極星からのエネルギーが1本につながり、自分のなかに軸ができた状態をイメージします。

この30秒のマインドフルネス瞑想を行うことで、体、感情、思考、呼吸の乱れが収まり、「今、ここ」の私に意識を向けることができます。心を整えフラットな状態にすること、心にゆとりを生みだすことは、何があっても「私は大丈夫。」と思える心をつくります。あなたは自己肯定感が高まったことを実感できるでしょう。

「自己肯定感体操」で心も体も元気になる

いかがでしたか？　ここで紹介したテクニックは風邪の治療にたとえるなら、発熱や咳などに即効性のある風邪薬のようなもの。実際に試してみて「気持ちが切り替えられた」、「今のままの自分でいいと思えるようになった」と感じたなら、それは自己肯定感が高まっている証拠です。

さて、最後に本書の特別付録として、次の「自己肯定感体操」を紹介したいと思います。ぜひQRコードを読みとり、動画を見ながら一緒に動いてみてください。

心と体は密接に関わっています。体を動かせば、心も動くのです。

なお「自己肯定感体操」は、サッカー選手としてJリーグ創成期の鹿島アントラーズで活躍され、モンテディオ山形の監督を務め、現在、和魂サッカースクールを運営されている奥野僚右さんに監修をお願いしました。スポーツにおいても、メンタルはとても重要です。ぜひ、プロの手による「自己肯定感体操」を実践してみてください。

24 自己肯定感体操

自己肯定感体操で心も体も元気になりましょう。

言葉を発しながら体を動かし、さまざまな感覚を同時に刺激すると、自己肯定感が高まります。それでは始めましょう。

1 ■ 深呼吸

まずは深呼吸をします。手を大きく動かし、4拍で息を吸って、4拍で吐きます。吐きながら「おはよー」と言いましょう。2回おこないます。

2 ■ 手を開いて閉じる

脚を肩幅に開き、手を力強く大きく開いたりギュッと閉じたりします。手を開きながら「元気ー」、手を閉じながら「元気ー」と言いましょう。開いて閉じてを2セットおこないます。

3 ■ 胸を開く

手を後ろに組んだ状態で腕を下に下げ、胸を大きく開く運動です。4拍で息を吸って、4拍で吐きます。吐くときはつま先を上げながら「ヤッター！」と言いましょう。2回おこないます。

4 ■ 前屈運動

全身を脱力させ、ふくらはぎ、腿の裏、腰、背中、首の後ろなど体の後ろ側を伸ばし、前屈しながら、「おかげさまー」と言います。2回おこないます。

5■体の側面を伸ばす

上半身を脱力させ、体の側面を伸ばします。伸ばす側に体重をかけましょう。腕を上げ体の側面を伸ばしながら、「最高ー」と言いましょう。左右1回ずつおこないます。

6■ひねりの運動

ひねるほうを軸にして斜め後ろに体全体をひねります。ひねりながら、「ツイてるー」と言いましょう。左右1回ずつおこないます。

7■腰を回す

手を腰に当てて、腰を左右に回します。「安心、安心」「安心、安心」と言いながら2回。反対側も同じように2回まわしましょう。

8 ■ 屈伸運動

脚を閉じて屈伸運動をします。リズミカルに無理のない範囲で行いましょう。かがみながら「できる、できる」、伸ばしながら「できる、できる」。これを4セットおこないます。

9 ■ ジャンプ

全身を脱力させ、リズムよく軽くジャンプします。「軽い、軽い」と言いながら、16回ジャンプしましょう。

10 ■ セルフハグ

腕を交差して二の腕を包み込みながら脱力します。「ゆったりー」と言いながら頭と背中を丸めます。2回おこないましょう。

11■
深呼吸

最後に深呼吸をしましょう。手を大きく動かし、4拍で息を吸って、4拍で吐きます。吐きながら「ありがとー」と言いましょう。2回おこないます。

「自己肯定感体操」を
動画で体験！

http://movie.sbcr.jp/ndjt/

第 4 章

自己肯定感をじわじわと高める方法

自己肯定感の基礎体力をつくる
3つのステップ

安心、安心。楽しい、楽しい。
大丈夫、大丈夫。

「自己肯定感の木」を育み、しなやかなブレない自分軸をつくる

第4章では「自己肯定感の木」を育み、あなたの自己肯定感を強くするためのトレーニング方法を紹介していきます。

第1章でも触れましたが、**自己肯定感の高め方には2つのルート**があります。第4章で解説するのは、しなやかなブレない自分軸をつくり、自己肯定感を強くする「じわじわと自己肯定感を強くしていく持続型のトレーニング」です。

トレーニングは次の3つのステップと、1つのサポートトレーニングに分かれています。

自己肯定感の底力をつける方法ですから、効果を実感するまでにある程度の時間が必要になるかもしれません。それでも、多少、時間がかかっても、自己肯定感は何歳からでもつくることができます。

自分は自己肯定感がそんなに低くない、と思っている方でも、もし人生がうまく

いっていないのなら、潜在意識のなかにほんの1パーセントでも負の感情が残っている可能性があります。この章では、それさえも書き換えていきます。

今からしっかりと続けることで、ブレないしなやかな自分軸をつくり、本来のあなたらしい人生ですべてを生きることができるのです。ワクワクする人生が、今から始まるのです。人生は、いつも、「安心、安心、安心！　楽しい、楽しい、楽しい！　大丈夫、大丈夫、大丈夫！」なのです。

それでは、3つのステップとサポートトレーニングを開始しましょう。

ステップ1「自己認知」
あなたの「自己肯定感の木」がどんな状態にあるかを知る

ステップ2「自己受容」
現状の自分に「YES」と言い、「自己肯定感の木」を育む準備を整える

ステップ3「自己成長」
継続して「自己肯定感の木」を育むためのモチベーションを高め、維持する

サポートトレーニング 「負の感情をコントロールする方法」

不安や恐れ、苛立ちなど、「自己肯定感の木」の成長を揺さぶる負の感情をとり除く

ステップ1の「自己認知」とは、今の現実の自分を知ることを指します。

「なぜ、気持ちが落ち込んでしまう日が続いているのか」
「どうして物事をネガティブに受け止めてしまいがちなのか」
「なぜ、彼のひと言が気になってもやもやとした気分になってしまうのか」
「どうして、かわいいわが子にイライラしてしまうのか」

自己肯定感の低下を感じる日々の出来事を客観的に見ることで、今の私、つまりあなたが今いる現在地を再確認していきます。

続くステップ2の「自己受容」とは、現在地を知ったうえで、そこにいる自分を受け入れることです。

人間は不完全であり、完璧にはなれないことを前提として、自分のポジティブな点とネガティブな点を受け入れます。そして、何が心を塞《ふさ》いでいるのか、どう改善していったらいいかを知り、無理のない目標を立てて、1つ1つの問題をクリアしていきながら、自己肯定感を高めていきます。

そして、ステップ3の「自己成長」とは、自分には達成する力、社会のなかで役に立つ力があると信じ、成長していこうとすることです。理想とする自分像に向かって、行動する力、やり抜く力を育んでいきます。

どうしても不安感に押しつぶされそうになったなら…

とはいえ、あなたも仕事やプライベートで自ら立てた計画の途中でつまずき、計画倒れを経験したことがあると思います。日々の生活では思いがけない出来事が起き、気持ちが揺れ、自分で決めたルールを破ってしまうことが多々あるからです。

これは「自己肯定感の木」を育むときも変わりません。

自己肯定感はあなたをとり巻く環境や体調によって上下動するものです。昨日までは「できる！」と信じられたのに、今日は「調子が出ないかも……」、明日には「やっぱりできない」というメンタルになってしまうのもめずらしいことではありません。

そんな揺れ動く心、負の感情によるメンタルのブレに対して「ややもやしても、ま、いっか」とうまく付き合う方法を伝えるのが、サポートトレーニングの「負の感情をコントロールする方法」です。

「負の感情をコントロールする方法」は、「自己肯定感の木」を育むためのいい土壌づくりのようなものです。そもそも、自己肯定感の木が育つ土壌が、不安や恐れ、苛立ちにまみれた土壌だとしたらどうでしょうか。自己肯定感そのものが育ちません。

この自己肯定感の木の土壌は、言いかえれば「安心感」という言葉で表現できます。つまり、しなやかでゆるぎない自己肯定感の木を育むうえで大切となる「安心感」をつくるのがここでの目的となります。

では、さっそく具体的なトレーニングの解説に入りたいと思いますが、その前に1つアドバイスがあります。

それは**「全部やらなくても大丈夫」**ということです。

これから3つのステップ&サポートトレーニングとして、複数のトレーニング法を紹介していきます。これらはどれも心理学や脳科学による裏づけのあるトレーニングで、しっかりとした効果があるものですが、すべてをマスターし、完全に実践する必要はありません。

それぞれのステップで紹介されたテクニックのうち、1つか2つを試してみて、自分に合いそうなものを生活にとり入れていきましょう。

判断の基準として、第2章で〝6つの感〟とさまざまなカウンセリング事例に合わせて、「この〝感〟の回復に役立つトレーニングは、これ」と書いてきました。あなたが今、自己肯定感の低下を感じているなら、その要因となっている〝感〟に応じたトレーニング法から試してみてください。

自己肯定感は、自分で無理して高めようとしないことがポイントです。絶対に高めないといけないと思うと、じつは、そのこと自体が自己肯定感を低めている原因になっているからです。**自己肯定感は勝手に高まる**のです。

「安心、安心。楽しい、楽しい。大丈夫、大丈夫。」で進めていってくださいね。ときには「まいっか」と思うのもいいでしょう。なんとかなります。では、始めましょう。

ステップ

1

「自己認知」の3つのトレーニング

「今、ここ」がわかったら解決策がわかる

1つめのステップは、「自己認知」です。あなたの自己肯定感が今、どんな状態にあるか、あなたの現在地を知るステップです。

私たちは意外なほど、自分のことを客観視せずに生きています。それは、雪のなかを歩くのに、水着で出かけようとしているようなものです。

もし、天気予報を確認したり、一度、外を窺ってみたりして、外は雪が降っていると知ったら、それに応じた洋服を着ることができるでしょう。

このように、今の自分の自己肯定感がどのくらいなのかをまずは自己認知することが、すべての解決の糸口になります。

とはいえ、**自分のことは一番理解できない**という心理学のデータがあります。たとえば私たちは何かにとり組むとき、客観的に状況を分析することができずに時間や労力を軽めに見積もってしまう傾向があるというのです。

この傾向を「計画錯誤」と名づけたのは、のちにノーベル賞経済学賞を受賞する認知心理学者のダニエル・カーネマンです。カーネマン博士は、学位論文を書いている大学4年生を対象に、こんな実験をおこなっています。

論文を書いている学生たちに「いつごろ書き終わるか」と質問。最短のケースと最長のケースを予測して記入してもらいました。学生たちが予想した最短日数の平均は27日、最長日数は49日でした。

ところが、実際に論文が書き終わるまでにかかった平均日数は56日。実際に最短の予測日数で書き終えた学生はほんの一握りに過ぎず、最長の予測日数で書き上げた学生も半分もいませんでした。

いかがですか？　人は、自分を客観視するのが苦手な生き物なのです。

ちなみに、カーネマン博士自身も「計画錯誤」に陥った経験を告白しています。彼がイスラエルの大学で教えていたころ、他の研究者とともに教科書を執筆することになりました。当初、原稿の執筆は順調で、1年ほどで全体のうちの2章ぶんが完成。このとき、彼は執筆チームのメンバー全員に「この教科書が完成するまでにあと何年かかるか？」という予想を聞いたのです。すると、カーネマン本人も含む執筆メンバー全員が「2年を中心に最短で1年半、最長で2年半」と答えました。ところが、教科書が完成したのは8年後のことだったのです。

のちにノーベル賞を受賞する学者ですら、自分の力を客観視することができなかったわけですから、私たちが自分の状態を誤解していても仕方がありません。自分では自分の状態がわかっているつもりでも、いつのまにか思った以上に自己肯定感が下がっていることが多々あるのです。だからこそ、自分の現在地を知ること、自己肯定感が今どれくらいかを知ることが、重要なのです。

「自己認知」の3つのトレーニングを通して、あなたの現在地、「今、ここ」を再確認していきましょう。「あれ、いつのまにか低くなってる」と認識できたら、心が楽になります。自分の今の状態を知ることは解決のための、はじめの一歩となります。

自己認知の
トレーニング
1

「ライフチャート」
──あなたの現在地を描き出す

認識できたら解決できる

「ライフチャート」は、あなたの「今、ここ」を再確認し、自己肯定感を強くするための足がかりをつかむトレーニングです。

ライフチャートには、「今の私」の人生のさまざまなテーマに対する感情や価値感を「表出化」「数値化」「可視化」する3つの効果があります。

普段、私たちはなんとなくぼんやりと、人生のさまざまなテーマを同時に考え、行動しています。このエモーショナルなことを、定量的に数値化して分析するのが「ラ

ライフチャート

あなたの「今、ここ」がわかる！

まず、あなたの人生にとって大切なことを8つ[　　　]に書き入れてください。次にその8つの項目について、今のあなたの満足度を10点満点中で何点か採点し、そこに●をつけてください。8項目のすべてに●をつけたら、それぞれの●をすべてつなぎます。注目するのは、一番低かった項目。この項目を1点だけ上げることを目標にしましょう。定期的にライフチャートを書くこともおすすめです。すると、いずれ大きな八角形になる日が来るはずです。

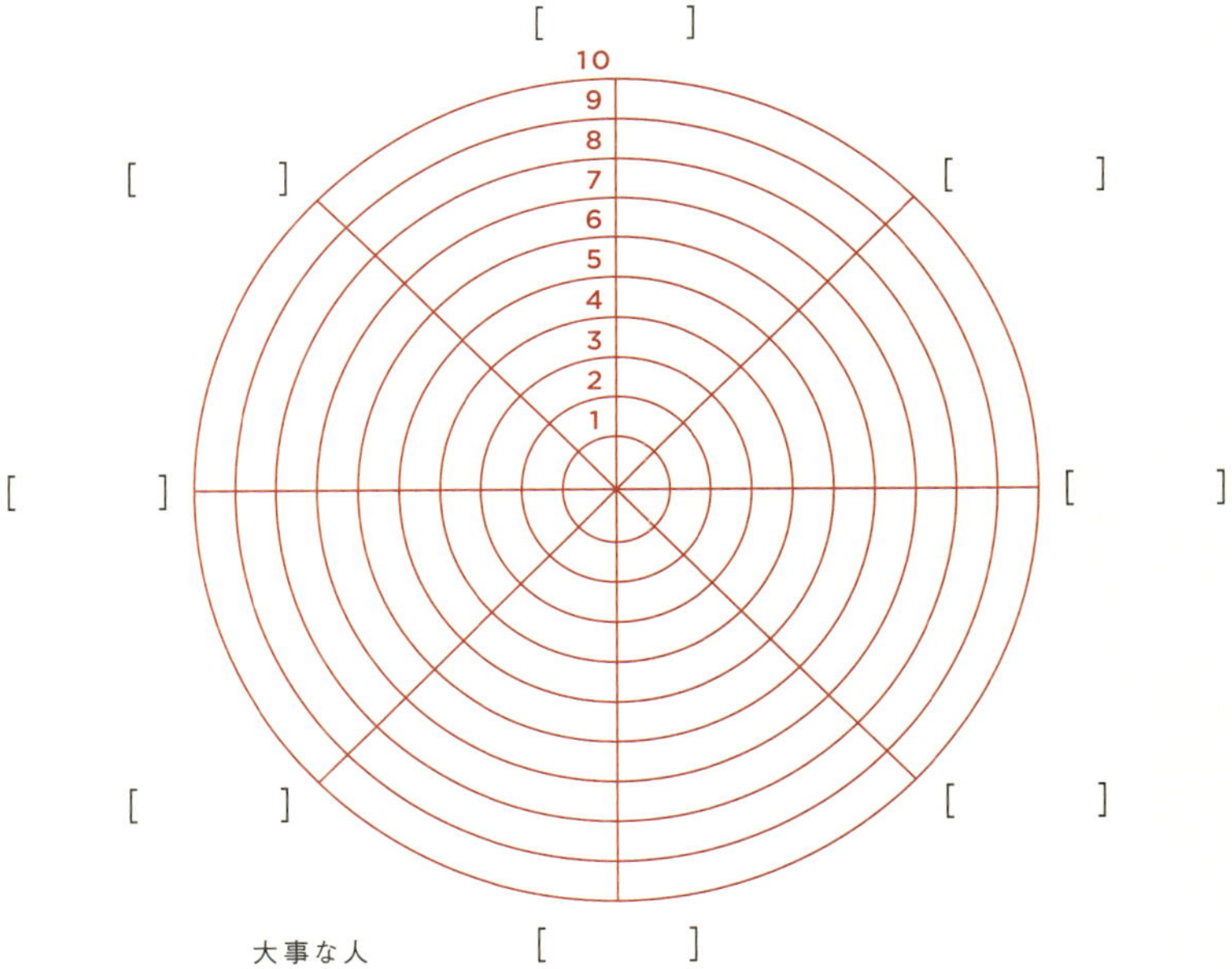

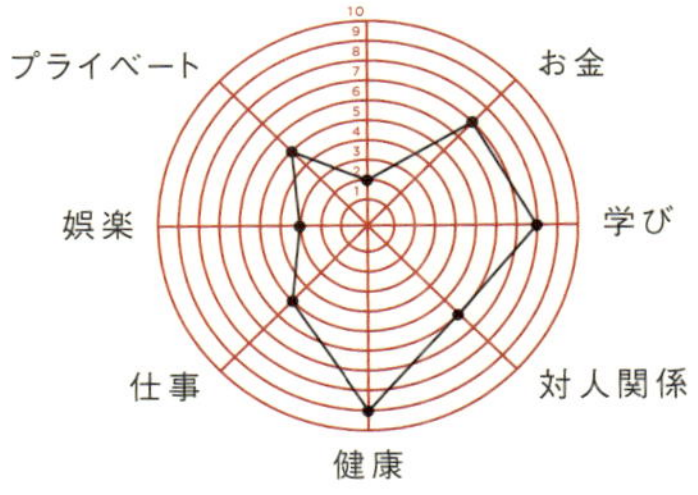

[記入例]

この例でもっとも低かったのは「大事な人」の項目。この項目を1点上げることを目標にしましょう。またチャート全体を見回すと、仕事は充実していたものの、娯楽や大切な人との時間といったプライベートがおろそかになっていたなどということがわかるはず。これがあなたの「今」なのです。

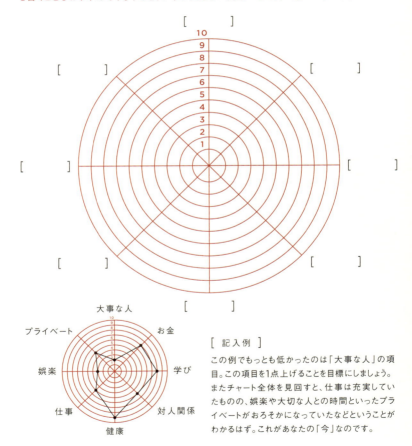

イフチャート」です。

これは行動分析心理学でも、自分を知るために有効な方法とされています。誰にでも簡単にできるシンプルなテクニックですから、初めての方も、書いたことのある方も、まずは235ページの「ライフチャート」を、記入例を参考に書いてみてください。


まず、あなたの人生にとって大切なことを8つ「　　　」に書き入れてください。

記入例では、「大事な人」「お金」「学び」「対人関係」「健康」「仕事」「娯楽」「プライベート」と8つの区分けがされた円になっています。

次にやっていただきたいのは、それぞれの区分けのテーマに対して、今のあなたの満足度が10点満点で何点か採点し、その場所に●をつける作業です。

たとえば、「お金」であれば「収入」や「貯金」、「お小遣い」など、金銭にまつわる自分をとり巻く状況を思い起こし、「満足感はどのくらい？」と評価して、採点します。仮に「7点」としましょう。

「大事な人」であれば、「最近、仕事が忙しすぎて彼氏（彼女）に会えていないな」「実家の親から電話やメールが来るたびに、婚活の状況を聞かれてうんざりだな」「自分のことで精一杯で、子どもとの時間をとれていないな」など、近況と照らし合わせて、「2点」。

一方で、「健康」は「健康診断の結果も良かったし、睡眠もしっかりとれていて快調だから、「9点」といったように採点していきます。

8項目のすべてに●をつけたら、それぞれの●をすべてつなぎます。

すると、あなたの「今、ここ」を客観視するデコボコした形のグラフができあがります。

1つを1点上げるだけでいい

ポイントとなるのは、もっとも低い点数を付けた項目です。

仮に円グラフのボトムが「大事な人」で「2点」だったとしたら、それがあなたの自尊感情を傷つけ、自己肯定感を低下させている主な原因です。

そこで、このもっとも低い項目に対して、1点だけ上げるためのプランを立てましょう。

重要なのは一気に7点、8点に引き上げようとしないこと。

というのも、「人間関係」が「1点」「2点」のとき、これを急激に改善させようと「友人たちを訪ねて歩く」「時間をつくって恋人と旅行に行く」「新たな出会いを求めて、合コンやパーティに参加しまくる」「夫婦で高級レストランのディナーに出かける」「週末は子どもの好きな電車に乗りまくる」といったプランを実行に移そうとしても、逆効果となってしまうからです。

たとえば、友人や恋人に自虐ネタや愚痴を言い募って逆に距離を置かれることになったり、新たに出会った人には弱みの裏返しで派手な自己アピールをしてしまい、二度、三度会える関係を築けなかったり、慣れない高級店で緊張して気まずい空気になってしまったり、結局、体力も時間も足りなくて計画倒れになったり……。

そうなると、自尊感情が傷つき、自己肯定感が低下している状態で無理をしても、いい結果には結びつきません。これは「大事な人」に限らず、他の項目でも同じです。

こうした事態を避けるには、1点ずつ改善することが重要です。たとえば、友人と

30分でもラインで話そう、恋人と近所のスーパーで買い物して一緒に夕飯をつくろう、夫婦で近くの公園を散歩しよう、子どもとファミレスで外食しながら話を聞こうと、**「1点だけ上げよう」という目標を立てて達成することが、「1点なら変えられる」という自信につながります。**

それが「自分の人生は変えられる」「今の状況は変化するんだ」という手応えとなるのです。そして、一歩のスモールステップができた自分を「自分に〇！」と肯定すると、ますます、あなたの自己肯定感が上がるでしょう。

「1点」を「2点」にする、「2点」を「3点」にする。これがうまくいくと、自己受容感、自己効力感、自己信頼感が回復します。すると、引っ張られるように自尊感情も改善し、低下していた自己肯定感も上向く流れになります。

ここでも「スモールステップの原理」が役立ち、少しずつ積み上げるプラスのサイクルが起きてくるのです。

一歩、一歩。一段、一段。進んでいきましょう。

「ライフチャート」は、自己肯定感を鍛えるトレーニングの始めにおこないましょう。そこで、「今、ここ」の自分の状態を知り、スモールステップとなる目標を立てていくこと。これが基本的な流れとなります。

もちろん、「最近、どうも調子が悪いな」と感じるタイミングで改めて「ライフチャート」を書いてみるのも有効です。以前は低くなかった項目が落ち込んでいるのかもしれません。また、スモールステップを積み上げて、以前は低かった項目が底上げされていることを確認し、自己肯定感が強くなった自分を再確認するチャンスとなる可能性もあります。

最終的な目標はグラフがきれいな八角形になることです。成長が目に見えてわかるのも「ライフチャート」のいいところ。とはいえ、**上がった下がったと一喜一憂しない**でください。楽しむのが大切なのです。ぜひ、お絵かきをしたり、ゲームをしたりするような心持ちで試してみてください。

自己認知のトレーニング
2

「レファレント・パーソン」
――セルフイメージを高める

尊敬するあの人だったらどうするか？

行動心理学の世界には「レファレント・パーソン論」という考え方があります。私たち誰もがレファレント・パーソンの存在に影響を受けているという考え方です。

レファレント・パーソンは人生の行方を左右する判断を下すとき、重要な働きをし、本人に大きな好影響を与えてくれるばかりでなく、自己肯定感を高めてくれます。

だからこそ、私たちは**重要な判断や選択に迷ったときにこそ、レファレント・パーソンが大切**になります。これは、身近なあのような人になりたいという「ロールモデル」でも、仕事や人生の指導や助言を行ってくれる「メンター」でもありません。

レファレント・パーソンとは、自分の在り方や生き方の価値基準の参考になる人物です。ですから、すでに歴史上に残っている、もしくは生存しているが後世何代までも受け継がれるだろう偉人である必要があります。

たとえば私は小さいころ、「野口英世」の偉人伝を読みながら、号泣した覚えがあります。野口英世は、さまざまな困難な状況にあい、経済的にも恵まれませんでしたが、世のため人のためと医療の世界で、人類に大いなる貢献をしました。

私が進路を決めるときも、パニック障害で外出が困難になったときも、野口英世をレファレント・パーソンとしたおかげで、彼のようにあちこち駆け巡り、人のためになることをしようと思うことができたのです。

私の自己肯定感は低下しすぎて底をついていましたが、野口英世というレファレント・パーソンのおかげで、「大丈夫！　できる！」と我に返り、もう一度社会に出ることができました。

仕事でつらいとき、あなたがスティーブ・ジョブズなら、どうするでしょうか？

恋愛が上手くいかないとき、あなたがココ・シャネルなら、どうするでしょうか？

子育てが上手くいかないとき、あなたがヘレン・ケラーなら、どうするでしょうか？

生きづらさを感じていたら、あなたがアンネ・フランクなら、どうするでしょうか？

生き方に迷っているとしたら、あなたがマザー・テレサなら、どうするでしょうか？


「レファレント・パーソン」とは、その偉人の在り方、生き方、価値観、思考法、行動を参考にし、自分が今、向き合っている問題を客観視するというトレーニングです。

具体的には、

「もし、私が○○だったら、どう考えるか？」

「もし、私が○○だったら、これからどういう行動をとるか？」

「もし、○○が今の私を見たら、どうアドバイスしてくれるか？」


「○○」の部分に、あなたにとってのレファレント・パーソン

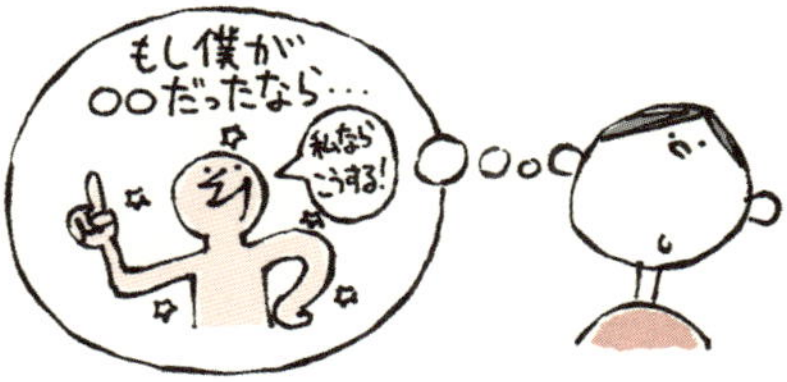

を当てはめ、現在の状況を客観視してみてください。

たとえば、第2章で紹介したカウンセリング事例の女性の場合、レファレント・パーソンは、ココ・シャネルでした。

転職後の職場で活躍できていない自分に悩んでいた彼女は、ココ・シャネルの名言を紙に書き出し、目に入りやすい場所に貼り、「もし、私がココ・シャネルだったら、どう考えるか？」という形で悩みに向き合っていきました。

そこで、彼女は「他人と比べても意味がない。自分が今の状況をどう楽しんでいくかなんだ」と気づき、自己有用感をとり戻していくことができたのです。

それだけでなく、ココ・シャネルの在り方と生き方に触れ、いかに自分の小さな価値観で生きていたかを認識し、もっと自分らしく自分の人生を楽しむ！と自己肯定感を高めることができたのです。

認知の歪みがスーッと修正されていく

このように「レファレント・パーソン」のいいところは、視野が広がり、同時に視座が高まり、セルフイメージが高くなることです。

「自分はできない」「ダメかもしれない」「自信が持てない」と、そんなふうに自己肯定感を低下させているとき、私たちは必要以上にネガティブになり、「できない理由」ばかりを探す自動思考の罠に陥ります。

しかし、それは認知が歪んでいるだけであって、視野が広がり、セルフイメージが高まることによって、問題が思いの外、小さなものだと気づくことができるのです。

認知が歪んでいるときは、歪んでいることそのものに気づきづらいものですが、このトレーニングをすることによって、認知の歪みも修正されます。

尊敬する偉大なレファレント・パーソンなら、「どう考えるか？」「どうアドバイスしてくれるか？」と視点を変えていく「レファレント・パーソン」のトレーニングは、**いつも揺るがないしなやかなモノの見方と視野の広がりを与え、歪みの存在に気づき修正するための強力なトレーニング**なのです。

私は今、尊敬するアメリカの思想家ラルフ・ウォルドー・エマソンをレファレント・パーソンに、トレーニングを日常生活のなかにとり入れています。

たとえば、挑戦するかどうか迷っているとき、「エマソンは『根拠のない自信こそが絶対的な自信である』と言っていた。悩んでいるということは、やれる自信もあるということ。だったら、やってみよう」と。

みなさんも、普段から、偉人の力を借りてレファレント・パーソン・トレーニングをおこなってみてください。

ココ・シャネルならこうして恋愛を楽しみ、こうして仕事していただろう、マザー・テレサならこうして子どもたちを育て、こうして子どもたちに愛と優しさを与えていただろうと、考えてみてください。

日常がちっぽけに感じ「もう、小さなことにくよくよするの。やーめた！」となります。そして、セルフイメージが高まり、「私はできる。やれる。大丈夫。もっと良くなる。」と自己肯定感が高まります。

あなたもあなたのレファレント・パーソンの力を借りて、視点を変え、認知を新たにし、セルフイメージを高くして自己肯定感の木を育んでいきましょう。

自己認知のトレーニング

3

「課題の分離」

——問題を切り分けてスッキリさせる

その問題は本当にあなたが悩むべきもの？

自己肯定感が低下すると、ネガティブな側面に焦点があたり、ネガティブな負の感情のループに陥ります。そのときに、「そもそも、この問題は本当に私がこんなにまで、もやもやと悩むものなのだろうか」と自己認知することが必要になります。

そこで役立つのが、「課題の分離」というトレーニングです。「課題の分離」は、その**原因がどこにあるのかを仕分けていく心理的テクニックで、アドラー心理学の中心をなす理論の1つ**です。

これは、私の1万5000人の臨床経験においてもたいへん有効な心理テクニックでした。このテクニックで課題を仕分けることによって、「自分にとって今、どれくらい重要度が高い課題か」「本当に自分が悩んで解決すべき課題なのか」が明確になり、心がスッキリ整理されるだけでなく、これからなすべき道標《みちしるべ》が見えてくるのです。

第2章ではパワハラ傾向のある上司が異動してきたことで、自己信頼感を弱めてしまった女性のカウンセリング事例を紹介しました。そこで、おすすめしたのが「課題の分離」です。

まずは、249ページの記入例のように、ワークシート式に「今、抱えている課題、悩み」を箇条書きにしてもらいました。そして、それぞれに番号を付け、①は上司側の問題、②は私の課題と仕分けていきます。

つまり、「課題の分離」とは「最終的にどっちの責任なの?」と、責任の所在をはっきりさせていくテクニック。これを日常的におこなっていくのが「課題の分離シート」のトレーニングとなります。

根底にあるのは、**アドラー心理学の「他人の課題には踏み込む必要がない」という考え方**です。

課題の分離シート

あなたが今直面している人間関係の悩みについて、課題を６つ上げ、その課題は自分の課題なのか、相手の課題なのか、仕分けてみましょう。

【　　　　　　　　編】
下記の課題は、誰の課題か考えましょう

①

②

③

④

⑤

⑥

①	②	③	④	⑤	⑥

記入例）

【上司・部下編】
下記の課題は、誰の課題か考えましょう

① 部下が日報を書かない

② 部下が偏食するので心配になる

③ 部下がお客さんと飲んでばかりいる

④ 部下を結婚させたい

⑤ 良い本・良いセミナーがあるので部下を参加させたい

⑥ 部下が大きな借金を抱えている

①	②	③	④	⑤	⑥
部下	部下	部下	上司	上司	部下

【親・子ども編】
下記の課題は、誰の課題か考えましょう

① 子どもに整理整頓の習慣をつけさせたい

② 子どもがきょうだいにいたずらをして笑っている

③ 子どもがゲームに夢中で勉強をしない

④ 子どもをダンス教室に通わせたい

⑤ お客さまと話をしていると子どもがお腹が空いたと割り込んできて困る

⑥ 子どもが講演でポータブルゲームで遊んでいて心配だ

①	②	③	④	⑤	⑥
子ども	子ども	子ども	親	子ども	親

たとえば、あなたが異動になり、知り合いのいない職場で働くことになったとしましょう。転校直後や初参加の勉強会、合コンなどでも同じですが、「初めまして」の状況下で私たちは不安を感じます。

「どう思われるかな？　変わった人だと思われないかな？」
「自己紹介の挨拶でこんなことを言ったら、雰囲気を壊すかな？」

これらはいずれも「他人にどう思われるか？」という不安です。それを気にするあまり、自己信頼感や自己効力感を失い、自己肯定感を低下させてしまうケースは多々あります。

そんなとき、役立つのが「課題の分離シート」です。

感じている不安の正体を「自分の課題」と「他人の課題」に分けていきます。

異動した先で「自分がどう思われるか？」は「他人の課題」であって、基本的にあなたにはどうすることもできません。つまり、**「相手が自分のことをどう思うか？」はあなたが不安に感じ、真剣に悩むべき課題ではない**のです。

言わば、考えても意味のないことだと整理することができます。考えても意味のないことを考えるのはやめよう、と自らが決定する。このことはあなたの自己肯定感を大いに高めてくれます。

相手に「NO」と言える自分になる

逆に考えるべき「自分の課題」は、「異動した先でしっかりとしたパフォーマンスを発揮するために、何をすればいいか」といったことです。

それに対して「周囲がどう感じるか？」は「他人の課題」だと割り切りましょう。

「私は私、あの人はあの人」という意識を持てると、自分と周囲との間に境界線を引くことができるようになります。それはあなたの心を守り、自分の考えを行動に移す後押しとなって、自己信頼感や自己効力感、自己決定感が向上し、自己肯定感も回復していきます。

アドラーは**まわりの顔色を見て、物事を選択する姿勢は、責任の放棄**だと戒《いまし》めています。

課題の分離を行うことで、「自分が思う、最善の選択をすること」に集中できるようになります。自分で考え、選択したからには、まわりがどう思おうと関係ありません。そして、最終的に自分で決めたこと、つまり「内発的な動機づけ」からきたものなので、潔く行動し責任を持つという自立がはかれるのです。

自分は自分、相手は相手。**必要であれば、NOと言うことができる**ようになります。

つまり、自分の行動に信念が伴うようになるのです。

信念の伴った行動によって成果を出すことができれば、自己有用感も高まり、自己肯定感の木を強く育んでいくことができます。

また、課題を分離して、「自分のできるベストのこと」を思えるようになると、自然と視野が自分と他人を含めた全体へと広がっていきます。私も全体の一部であり、全体のなかの一員が私なのだという大きな視野で物事を捉えられるようになるのです。

こうして、ベストの選択をして行動することが、結果的に周囲にも好影響を与えるのです。

どんなときでも何かの犠牲になる必要はない

この心理テクニックに通じる言葉が、フレデリック・パールズが提唱したゲシュタルト療法にもあります。ゲシュタルト療法では、何かの犠牲になることなく自分を大切にすること、そのうえで他人を尊重すること、健全な人間関係はそのうえで成立するとしています。自己肯定感が低下し人間関係に悩む人には有用なゲシュタルト療法の詩があります。

■「ゲシュタルトの祈り」
私は私のために生きる。あなたはあなたのために生きる。
私は何もあなたの期待に沿うためにこの世に生きているわけじゃない。
そして、あなたも私の期待に沿うためにこの世にいるわけじゃない。
私は私。あなたはあなた。

でも、偶然が私たちを出会わせるなら、それは素敵なことだ。
たとえ出会えなくても、それもまた同じように素晴らしいことだ。

私の個人セッションでは、今の自分の現在地を認知できていない人、複数の問題を抱えている人、人間関係がうまくできずに生きづらさを感じている人などに、「課題の分離」のトレーニングの前に、この詩を読んでもらっています。

この詩を読み、課題の分離トレーニングをすることで、人間関係や仕事や人生の選択が楽になり、生きるのが楽になったという人がたくさんいらっしゃいました。

「課題の分離」のトレーニングは、自己肯定感が低下し、とくに対人関係でつまずいたときに効果を発揮します。周囲の環境が変化したとき、定期的におこなうことをおすすめします。人間関係の整理ができ、良好な人間関係へと移行するでしょう。

その際に、もっと自己肯定感を継続的に高めるために、「ゲシュタルトの祈り」を併用してみてください。あなたも、「自分に〇！」「あなたの周囲にも〇！」と言えるようになるでしょう。

ステップ

2

「自己受容」の3つのトレーニング

「これが私！」と言える自分になる

2つめのステップは、「自己受容」を促すトレーニングです。

自己受容とは、今の自分に「YES」と言い、受け入れた状態のこと。イメージとして、映画「アナと雪の女王」の劇中歌『レット・イット・ゴー』の「ありのままの自分になるの」という歌詞を思い浮かべる人も多いと思いますが、同じ映画で言えば、「グレイテスト・ショーマン」の主題歌『ディス・イズ・ミー』の歌詞「どう見られたって恐くない。堂々としているの。これが私！」がしっくりきます。

自己肯定感のピラミッド

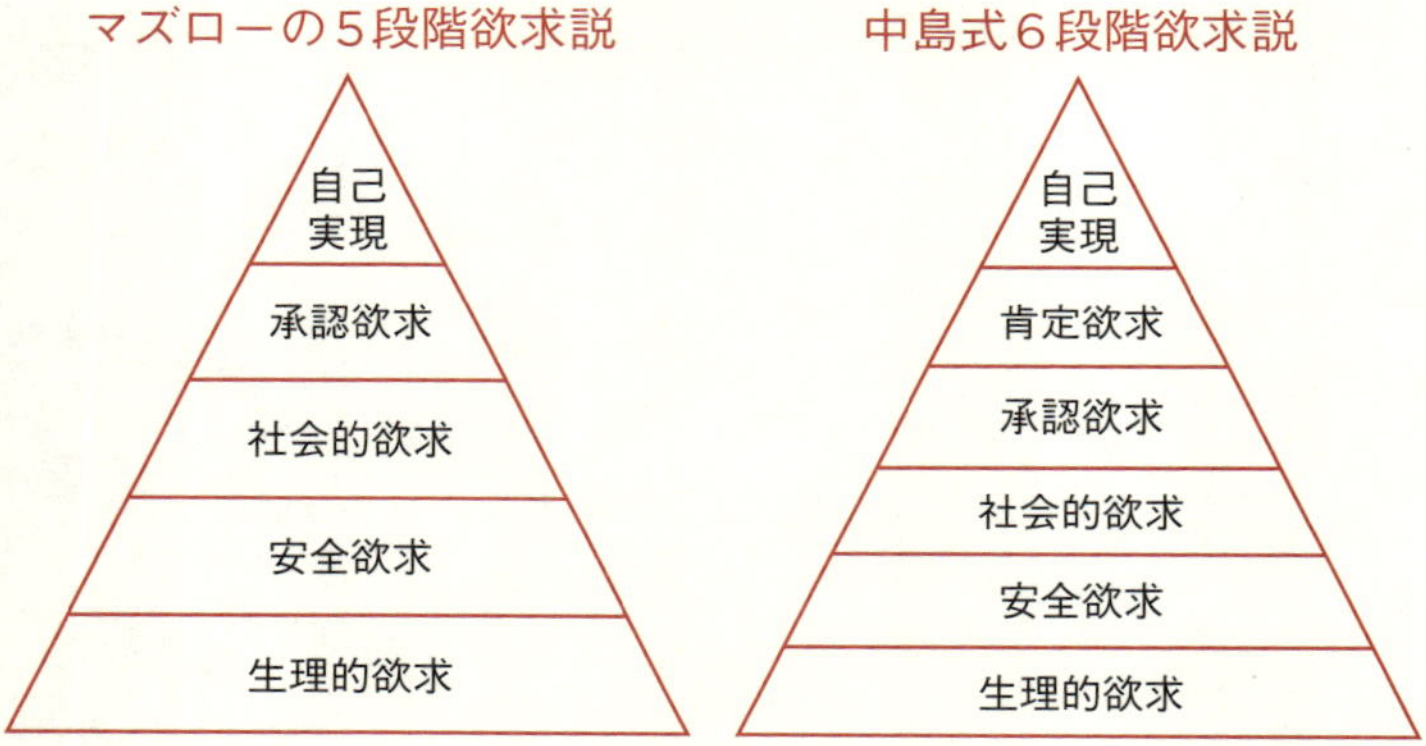

心理学で**「マズローの5段階欲求説」**というものがあります。アメリカの心理学者アブラハム・マズローが、「人間は自己実現に向かって絶えず成長する」と仮定し、人間の欲求を5段階の階層で理論化したものです。

私は、この「5段階欲求説」に1つプラスして、「6段階欲求説」を提唱しています。

承認欲求の断層の上に、肯定欲求があるというものです。簡単に説明すると、承認欲求とは、人に認められたいという欲求であり、肯定欲求は自分で自分を認めたいという欲求のことです。

これは、私自身の30年の人体実験と

1万5000人の臨床経験から導き出した理論です。たとえば、クライアントのみなさんに「ありのままのあなたでいいよ！」と言います。すると、承認されたことに満足してカウンセリングを放棄してしまったり、承認されないと気がすまなくなって依存するということがよくありました。

だから、承認欲求で満たされたら、今度は、「これが私！　この自分でYES！」という自己肯定感を高めて、自分で自立して動き出す必要があるのです。

生まれたての赤ちゃんには、自己否定の感情はまったくありません。「こんな私で生きている価値があるのかな？」「話すことができなくて迷惑かけてないかな？」などという自己否定感は、そもそも持たずに生まれてくるのです。

私たち人間は、生まれたての瞬間「自己肯定感の塊」だったのです。そのため私は、自己実現のピラミッドの「承認欲求」の断層の上に、「肯定欲求」があるとしています。

自己受容の3つのトレーニングをおこなった先で目指すのは、「承認欲求」と「肯定欲求」が満たされた**「全承認・全肯定」**の状態。「これが私！」と胸を張れることが、強い自己肯定感の証なのです。

そのために欠かせないのが、自尊感情と自己受容感です。

「これが私！」というプライドを持ち、今の自分の「ありのまま」を受け入れて、前を向き、進んでいく。自己受容を促す3つのトレーニングをおこなうことで、物事の解釈と意味づけを変え、自尊感情と自己受容感を底上げしていくことができます。

たとえば、コップに水が半分入っているとして、それを「もう半分しか残っていない」と解釈するか、「まだ半分もある」と解釈するかは、受け手の人次第です。

そして、「もう半分しか残っていない」と解釈すれば、コップ半分の水は不安や焦りと意味づけられ、「まだ半分もある」なら安心と落ち着きに結び付きます。

どちらの解釈と意味づけで物事を見るか。その枠組を変えていくことを心理学の世界では、「リフレーミング」と言います。自尊感情と自己受容感を底上げし、自己肯定感を強くしていく方向へ、あなたの物事の解釈と意味付けをリフレーミングしていきましょう。

「できない」という思い込みから抜け出す

サーカスのゾウというたとえ話があります。小さいころに鎖でつながれていたゾウは「どうせ逃げられない」とし、鎖を切ることができる力を身につけてからも鎖を切ろうとしないという話です。

小さいころから鎖につながれていたゾウは、どうせ無理！という思い込みによる解釈をし、逃げられないという意味づけをします。

自己肯定感が低下すると、過去に失敗したりうまくいかなかった経験やネガティブな印象のもの、苦手意識の高いものを、どうせまた失敗したりうまくいかないだろう、私はそれは好きなタイプじゃないからやらない、と判断して、自分にブレーキをかけてしまいます。

自己肯定感が低いと、そもそも挑戦する前に諦めてしまうのです。

私たちはサーカスのゾウではありません。人間です。自らの自己肯定感を高めれば、本来持っている「これが私！　だから、私を信じ、チャレンジする！」という力がよみがえるのです。

ここでは、「これが私！」と自己受容するための3つのトレーニングを紹介します。自己受容感を高めることが、あなたらしい人生を歩むための原動力となるのです。

自己受容の
トレーニング
1

「タイムライン」
——あなたの目指すべき方向を見いだす

未来から見たらあなたは今何をすべき？

「タイムライン」は、現在の自分を起点に1年後の自分、3年後の自分、5年後の自分……死ぬ間際の自分になり、後悔しない人生だったかを問いかけるトレーニングです。

やり方は簡単です。

まずは漠然としたイメージでかまわないので、次のような問いを自分に投げかけて、自由に想像を膨らませていきましょう。

タイムライン

	目標	アファメーション
1年後	英語を学ぶ	私は英語コンプレックスを解消し、楽しく英語を学んでいる
3年後	英語を話す	私は海外の人と楽しく英語で会話している
5年後	英語で仕事をしている	私は海外の人と英語で商談をし、充実した日々を過ごしている
88歳の自分	葬儀には世界中の仲間が駆け付ける	私は海外を飛び回り、信頼できる仲間を得て、夢を実現した

「○年後、どんな自分になっていたいか」
「○年後、何を実現したいか」
「○年後、どんな生活を送っていたいか」

次に上記のモデルシートを参考に、思い描いたイメージと具体化した目標、実現したときによぎるはずの感情を書き出していきます。

そして、さらにタイムラインを先に伸ばし、あなたが平均寿命でいう88歳だと想定します。

さて、88歳の私から今のあなたに、一度きりの人生を後悔しないために、何と声をかけますか？　次の文章の○○○○を埋めてみてください。

「私は88歳の私です。私、〇〇〇〇をして、後悔しない人生を送ってね」

私たちの脳は長期記憶として定着している自分の過去のことは鮮明に思い出すことができます。ところが、未来のことを明確にイメージするのは苦手です。

しかし、未来がイメージできていなければ、どのような目標を立てていけばいいのかも具体化されません。

脳は、サーチエンジンのような働き方をします。脳は質問をすれば、必ず答えてくれるという性質があるのです。この性質を利用してあなたのなかから、後悔しないために必要なことを引き出すのです。

そこで役立つのが「タイムライン」です。これは私が提唱しているナチュラル心理学でよく使うテクニックです。

未来の自分を思い描くことには、過去から現在に至った自分を認める効果があり、自己受容感が満たされます。そして、明確な目標を持ち、そこに向かおうとする自分を自覚することで自尊感情が高まるのです。

また、目標が定まることで、そこから逆算し、今短期的にやるべきこともはっきりするので、「スモールステップの原理」を働かせる助けにもなります。

タイムラインをやって「このままでは何も変わらない……」と、今の自分にがっかりするかもしれません。

しかし、がっかりしてもいいのです。未来が良いものに思えないということがはっきりすると「今のままではまずい」と自覚することができます。するとと、実現したい未来のために、何をすべきか具体的なイメージが描けるようになります。いったい、どうすれば変化を起こすことができるでしょうか。

そうやって思い浮かんだ変化を1年後、3年後、5年後の目標としていくのもいいでしょう。

コーネル大学の新しい研究で、人がもっとも後悔し苦しむのは、義務や責任に関してではないことがわかりました。つまり、**「人はしなかったことに後悔する」**のです。

心理学者のトーマス・ギルオービック氏によると、私たちをもっとも苦しめる後悔は、自分の理想を生きることができなかったことだそうです。

人はしたことよりも、しなかったことに対してより大きな後悔を感じるのです。

何らかの行動をとって失敗すると、自己肯定感が低下し、時として次が怖くなり、自信を失います。それでもそれは、死ぬ間際に感じる後悔のなかでは、長い人生の小さい出来事でしかありません。

タイムラインは、自己肯定感が低下し混乱しているあなたのビジョンを整理整頓し、進むべき道筋をはっきりしたものにしてくれます。

すると、思い描く未来は明るく前向きなものとなり、未来を想像する時間は気持ちをワクワクさせます。

後悔しない人生のためにぜひタイムラインを活用してください。自己肯定感を強くさせるだけでなく、あなたの人生がより輝くものになっていきます。

自己受容のトレーニング 2

「リフレーミング」——潜在意識からポジティブチェンジする

ネガティブな感情をポジティブな感情に書き換える方法

まずは2つ問題を出したいと思います。

1■ 家事のお手伝いをしたいと思い始めた5、6歳のお子さんにキッチンからリビングまで飲み物を運んでもらいます。そのとき、「こぼさないでね」と「しっかり持っていってね」のどちらの声掛けのほうが、お子さんは飲み物をこぼさずに持ってくることができるでしょうか？

2. ゴルフ場での声掛けです。あなたがプロゴルファーのキャディだとして、グリーン手前に大きな池のあるコースでセカンドショットを打つゴルファーに声をかけます。そのとき「いつもどおり60ヤード打てばいいよ」と言うのと、「手前の池に気をつけて」と注意を促すのと、どちらのほうがいいショットを打てると思いますか？

あなたはどちらの言葉での声掛けを選びましたか？

答えを明かすと、子どもたちが飲み物をこぼさずに運べる声掛けは「しっかり持っていってね」です。そして、ゴルファーがセカンドショットでグリーンへのアプローチに成功しやすいのは「いつもどおり60ヤード打てばいいよ」という声掛け。

どちらも肯定的な表現の言葉です。これを**肯定語**と言います。人は肯定語で声掛けをしてもらったほうが、普段どおりの力を発揮することができるのです。

一方、「こぼさないでね」や「手前の池に気をつけて」は、失敗のイメージを思い描かせる**否定語**です。

肯定語は、成功をイメージさせる言葉や「今、ここ」をありのままに伝える言葉、いつもどおりの自分で大丈夫と思わせる言葉。

否定語は、失敗をイメージさせる言葉や必要以上に注意、不安、恐れを喚起させる言葉です。

ここで紹介するリフレーミングは、**「否定語を肯定語に変えるトレーニング」**。日々の生活のなかで発しがちな否定語を意識的に肯定語へと置き換えていくトレーニングです。

たとえば、こんな言い換えです。

■ あなたのパートナーが出張に出かけるとき、玄関先で「忘れ物ない？」（否定語）と聞くのではなく、「全部、持った？」（肯定語）と問いかける。

■ 翌日、取引先で待ち合わせをする後輩に「遅れないでね」（否定語）ではなく、「間に合うように来てね」（肯定語）と伝える。

■ 仕事を手伝ってくれた同僚には「お疲れさま」（否定語）よりも、「ありがとう」（肯定語）を。

- 自分への言葉掛けを「なんか、ついていない」（否定語）から、「最近、いつもついているなー」（肯定語）に。

言葉は潜在意識を変える最強のアイテム

言葉には、自分の心の状態が表れます。

否定語は自己肯定感を低くし、肯定語は自己肯定感を高めます。

たとえば、「ねば」「べき」も否定語です。

「目の前にあることをきちんとできなければ、次はない」よりも「目の前にあることをきちんとやってこそ、次がある」とした方が自己肯定感は高まります。

「あれをやるべきではない」

「あれをやらねばならない」

こうした否定的な言い方にも背景には、「こうなってほしい」「こういう結果を出したい」という前向きな目的があるはずです。

であれば、「こっちをやろう」「こうすればもっとよくなる」と肯定的な言い方をしたほうが、周囲の協力を得られ、行動を起こしやすくなります。

つまり、**あなたが自分の発している否定語を肯定語に置き換えていく作業は、あなたの感情をポジティブに変え、まわりの感情もポジティブに変える**のです。

思考は現実化すると言われますが、言葉も現実化するのです。言葉が現実化するのは、潜在意識の次の10の特徴から言えることです。

1. 潜在意識は、365日24時間動き続けている
2. 潜在意識は、思ったことや言葉をそのとおりに実現化しようとする
3. 潜在意識は、善悪などの区別がつかない
4. 潜在意識は、時間の概念がない
5. 潜在意識は、人称の区別がつかない
6. 潜在意識は、脳内のイメージと現実との区別がつかない
7. 潜在意識は、産まれてから現在までの必要なことをすべて記憶している

8 ■ 潜在意識は、繰り返されることを重視する
9 ■ 潜在意識は、思ったものを引き寄せる
10 ■ 潜在意識は、具体的な質問には必ず答えを出す

この潜在意識の特徴を踏まえたら、いかに日常で使う言葉が自己肯定感を高めるのに大切かわかります。

たとえば、あなたが誰かを褒めるとしましょう。

「Aさんは、笑顔が素敵」

「Bさんは、とっても気配り上手で楽しい人」

このあなたの言葉も、潜在意識は人称の区別がつきませんから、主語がすべて消えてなくなるのです。

ということは、

「私は、笑顔が素敵」

「私は、とっても気配り上手で楽しい人」

として潜在意識は認識するのです。

相手に対して肯定語を伝えたのに、じつは、潜在意識では自分に対して伝えていることになるのです。

あなたに褒められた人も自己肯定感が高まりうれしいでしょう。そして、あなたも勝手に自己肯定感が高まり、どんどん自分らしさに自信を持ち、ポジティブループで自己肯定感が高まっていくのです。

逆に、あなたが否定語を使って誰かにこう言ったとしましょう。

「Aさんは、仕事が遅いから嫌い」

「Bさんには、イライラしているから近づきたくない」

このように、人の批判や文句を言っていても、潜在意識では、主語が消えてなくなりますから、

「私は、仕事が遅いから嫌い」

「私には、イライラしているから近づきたくない」

として認識され、あなたへ向けた言葉として届くのです。

使う言葉はあなたの感情に非常に強い影響を及ぼすというわけです。

実際に、私が行っている〝自己肯定感レッスン〟では、最後にとっておきの肯定語

を伝えます。その肯定語によって、不登校が治った、体の調子がよくなったと多数のメッセージをいただいています。

また、フェイスブックグループの〝自己肯定感が高まる場〟では、肯定語しか使わないことを決まりにしています。つまり「全肯定以外禁止」です。

たとえばグループメンバーの誰かの悩みなどのあるお題に対して、ひたすらみんなで全肯定するのです。メンバーからは「人生が変わった！」「何があっても大丈夫！と思えるようになった」など、たくさんのうれしい声が上がっています。このような肯定語にあふれたフェイスブックのフィードを読むだけでも、潜在意識は、あなたを肯定的にしてくれます。

273ページに否定語と肯定語をまとめた変換表を用意しました。これを参考に日頃から肯定語をたくさん使うように心がけてみましょう。それが感情を快の状態に向かわせるトレーニングとなり、自己肯定感を強くしてくれるのです。

リフレーミング

①日常編

否定語		肯定語
どうするの	➡	なんとかなるよ
疲れた	➡	よく頑張った
嫌だ	➡	○○だとうれしいな
なんでしてくれないの？	➡	○○してくれてありがとう
どうせダメだ	➡	きっとうまくいく
もうダメだ	➡	なんとかなる
ついてない	➡	ついてる
運が悪い	➡	運がいい
許せない	➡	許します

②ゴルフ編

否定語		肯定語
失敗しないように	➡	成功するように
左に行かないように	➡	右を狙って
池ポチャしないように	➡	グリーンに乗るように
緊張するなよ	➡	いつも通りでいいよ
力まないでね	➡	自然体で打とう
無理しないで	➡	確実に打とう
このパットは外せないよ	➡	このパットも入るよ

「if-thenプランニング」
——問題を乗り越え、やり抜く力を身につける

うまくいかなくなったときのためにあらかじめ用意しておく

第2章で紹介したとおり、「if-thenプランニング」は**「もしXが起きたら（if）、Yをする（then）」と前もって決めておくテクニック**です。

「あの人とうまく付き会おう！」「子どもに怒らない」と思っても、いつのまにか、モヤモヤとイライラが高まって感情が爆発し、後悔と自責の念で自己肯定感を下げてしまうという例をたくさんみてきました。

こうしようという目標に挫折してしまうのは、目標達成への考え方ととり組み方に

問題があります。そこで、「ｉｆ－ｔｈｅｎプランニング」テクニックです。

このテクニックを繰り返すトレーニングをおこない、習慣化していくことで、状況を客観視し、継続的に行動できる自分へと変わることができます。

自己肯定感が低いとき、私たちは失敗することや周囲の人から拒絶されることへの恐怖をいつも以上に強く感じます。

すると、「失敗するかも」「受け入れられないかも」と思い込み、行動に移すことができず、ますます自尊感情、自己受容感を失い、自己肯定感が低下する負のスパイラルに陥ってしまうのです。

こうした負の自動思考の流れを断ち切るためには、事前に「もしXが起きたら（ｉｆ）、Yをする（ｔｈｅｎ）」と決めておくのです。

事実、**「ｉｆ－ｔｈｅｎプランニング」は心理学、脳科学などの数多くの学術研究で効果が立証され、行動力を呼び起こすための最強のテクニック**だと言われています。

第2章の職場の人間関係に悩む女性のケースでは、「もし、悪口を言われるかもしれないと思ったら（ｉｆ）」、「仮に言われたとしても、私の価値は変わらないんだとつぶやく（ｔｈｅｎ）」とあらかじめ決めてもらいました。

すると、「悪口を言われたらどうしよう」という感情とは関係なく、自動的に行動を起こすことができます。そこで得られる手応え、小さな成功体験が自尊感情、自己受容感を回復させ、自己肯定感を強くしてくれるのです。

脳は決めていた図式に従う

具体的な「ｉｆ－ｔｈｅｎプランニング」の仕方は次のようなステップとなります。
たとえば、「頼まれてもムリなことなら断る」という目標を立てたとしましょう。

1■ 物事がうまく運ばなくなりそうな場面をイメージする
ＮＯと断ると決めたものの、職場の上司や同僚や友だちに頼まれたら、引き受けると自分がつらくなると知っていながら、ついつい嫌われたくない思いで引き受けてしまいそうになる。

2■ もし、「1」の状態になったらどうするかを考えておく

NOと言えなさそうな自分に気づいたら、「私は私、相手は相手」と課題の分離をおこない、その仕事は自分が引き受ける必要がないことを認識する。

3■「2」で決めた対処法を「if-thenプランニング」の形にする

もし、引き受けたらたいへんな物事にNOと言えない気分になったら、「私は私、相手は相手」と課題の分離をおこなう。

同じように「もし苦手な上司から呼び出しがあったら、いったん深呼吸をする」「もし集中して作業しているとき、家族から手伝いを頼まれたら5分だけ待ってと伝える」など、あなたが必要だと思うシチュエーションに合わせ、「if-thenプランニング」を用意しておきましょう。

「if-thenプランニング」は、「もし○○したら……どうしよう……」と物事を悲観的に考えがちな自己肯定感が低下した状況にこそ、役立ちます。

押し寄せてくる不安に対して、「うまくいかなくても、別のプランを実行して対処しよう」という善後策を用意しておけば、負の自動思考を断ち切ることができます。

コロンビア大学のハルバーソン氏によると、心理学的にも脳は「XならばYを実行する」という文章を記憶しやすく、無意識のうちにその式に従って行動すると言います。**人間の脳神経は「XならばYを実行する」という命令に反応しやすい**のです。

たとえば、本書のテクニックを応用して、

- もしイライラしたら（if）、深呼吸をして「ヤッター！」ポーズをとろう（then）
- もしつらい過去を思い出したら（if）、「セルフハグ」をして自分に「安心、安心。楽しい、楽しい。大丈夫、大丈夫。」と言い聞かせよう（then）

と感情の落ち込みに対して、使うのもいいでしょう。

「もし◯◯したら△△する」と決めておく。

これは、自己肯定感が低下する場面など、いろいろな状況で応用できます。ぜひ、「自分の悪しき感情習慣を修正したい」、「ワクワクする人生の目標を達成させたい」という観点から「if‐thenプランニング」を考えてみてください。このシンプルなテクニックで**「自己肯定感を高める習慣化」**ができるのです。

ステップ

3

「自己成長」の3つのトレーニング

アファメーションで肯定的な自分をつくりあげる

3つめのステップは「自己成長」。自己認知、自己受容によって整えた土壌で「自己肯定感の木」を力強く育んでいくためのステップです。

ここでとり組むのは「アファメーション」のトレーニングです。

アファメーションとは、肯定的な自己宣言のこと。ポジティブな言葉で自分に語りかけ、あなたの人生に好ましい変化を起こしていきます。アファメーションが与える人生への好影響は、多くの偉人たちがさまざまな言葉で言い残しています。

■「その人が1日中考えていることが、その人である」
（ラルフ・ウォルドー・エマソン）

■「人間は、その人の思考の産物にすぎない。人は思っているとおりになる」
（マハトマ・ガンジー）

■「自分は役立つ人材だという自信ほど、大切なものはない」
（アンドリュー・カーネギー）

肯定的な自己宣言、アファメーションを習慣化すること。それが継続的に自己肯定感を高め、強くしていくことにつながるのです。

アファメーションがいかに効果的かはスポーツの世界でも実証されています。ペンシルバニア大学の心理学の研究チームが、興味深い研究の成果を発表しています。彼らは、メジャーリーグの全球団でプレーする選手たちのシーズン中の発言内容を徹底的に分析。その言葉に込められた楽観度、悲観度をチーム単位で調査しました。

すると、シーズン中にメディアに対して悲観的な発言をした選手の多かったチームは、翌年に前年の成績を下回ったのです。一方、楽観度の高い発言をする選手が多かったチームは前年よりも好成績を上げていることがわかりました。

しかも、この研究は翌年も続けられ、同じ結果が出たのです。

できることを「できる」と自信を言葉にした選手の多くいるチームは、好成績を残す。そうした選手の代表格がイチロー選手です。

たとえば、2003年のオールスター戦に出場したイチロー選手は、ナ・リーグを代表するピッチャー、ジェイソン・シュミットの初球を打って出ます。試合後、「どうしてシュミットの初球にバットを出したのか？」と質問した記者団に、イチローはこう返しています。

「ほとんど見たことのない、ナ・リーグで最高のピッチャーが投げてくる第1球、もしくはファーストストライクというのは、最高のボールのはずです。その球に対して、スイングしようとする自分がいる、しかもスイングできる自分がいるということ。そういう自信をつかむために、あえて振りにいくんです」

ただヒットを打つためではなく、自信をつかむために初球からバットを振っていく。

イチロー選手の肯定的な自己宣言が見られたのは、このオールスター戦だけのことではありません。厳しい局面でも自信を失わず、積極的な行動に出ることで輝かしいキャリアを築いていったのです。

肯定的な宣言が肯定的な自分をつくる

ドイツのケルン大学で行われた研究では、ゴルファーを対象に「このボールは幸運のボールだ」とボールを渡されたプレイヤーは、そうでないプレイヤーに比べてパットの成功率が35パーセント高くなったと報告されています。

これは「幸運のボールだ」という前向きな思い込みによって「できる」という自信が付き、パットの精度が高まったことを示しています。

ところが、パットを成功させた同じプレイヤーに対して、「この現象はあなたの思い込みが原因でした」と明かした途端、パットの成功率は以前と同じレベルまで低下してしまいました。

また、別の研究では、アファメーションを習慣化している人は、物事にチャレンジする回数が増していく傾向があることもわかっています。

肯定的な自己宣言を習慣としている人は、「自分はチャンスに恵まれているから、いつか成功する」と信じて行動することができるのです。その結果、試行回数が増え、成功を信じているから失敗しても再チャレンジすることができ、自信を持って行動するので成果が出やすくなります。

その行動力を支えているのは、自己決定感と自己有用感です。

『運のいい人の法則』などの著書がある心理学者リチャード・ワイズマン博士の研究によると、**「運のいい人」たちは「自分が幸運だと思える証拠を集め、思い込みを強化している」**ことがわかっています。

そして、ワイズマン博士は心理学の世界では古くから知られていた「行動が感情をつくる」という理論に着目。笑うからよりおかしく感じる、泣くからより悲しくなる、という考えを発展させ、「アズイフの法則」にまとめています。

アズイフの法則とは、「○○になるには、○○であるかのように行動すればいい」というもの。つまり、「幸運になりたければ、幸運な人であるかのように行動すればいい」「運のいい人になりきって、行動することで幸運な状態に近づける」ということになります。

同じように、私たちもイチロー選手のような自己肯定感の高い人たちが行っているアファメーションの習慣化を真似することによって、行動力を高めることができるのです。

『エマソン　自分を信じ抜く100の言葉』という私の本では、エマソンの**「根拠なき自信が絶対的な自信である」**という言葉を紹介しています。この言葉そのものが、さまざまな研究結果を反映しています。

たとえ根拠なき自信でも、「できる」と信じ続ける。このアファメーション宣言によって、私たちの潜在意識はそうであると思ってくれます。このことにより、自尊感情や自己受容感も高めてくれます。

同時に、自分のできることを「できる」と宣言することは、自己決定感や自己有用感を高め、自己肯定感を強くするために役立つとり組みとなるのです。

アファメーションを習慣化することによって、自己肯定感全体が高まり、人生のさまざまな問題が解決し、あなたの人生の10割があなたらしい人生へと変わっていくでしょう。

ではアファメーションを習慣化するためのトレーニング方法を紹介していきます。

自己成長の
トレーニング
1

「スリー・グッド・シングス」
――アファメーションで無意識から変わる

1日3つ書く。
それだけでアファメーションが加速する

自己成長を促すための1つめのトレーニングは、「スリー・グッド・シングス」というテクニックです。

やり方は簡単。ノートを1冊、用意しましょう。

もちろん、パソコンのテキストエディタやスマホのメモ機能、あるいはSNSへの書き込みでもかまいません。

ただ、ノートに自分の手で書くという具体的な行動をセットすることで、より強く記憶に刻まれ、アファメーションの効果が高まるので、できれば手書きをおすすめします。

1日1ページ、その日の「今日よかったこと」を3つ挙げて書き出します。

たとえば、「書店でおもしろそうな本と出会い、買ってきた」「取引先の担当者と世間話をするチャンスがあって、距離が縮まった感じがした」「夕方、見た夕焼けがめちゃくちゃきれいだった」など、どんな小さなことでもかまいません。

こうした新しい習慣を身につけるには、21日間続けると定着するという研究データがあります。人間の皮膚が21日で生まれ変わるように、私たちの脳も21日間で書き換え可能になるのです。ですから、まずは「スリー・グッド・シングス」を3週間続けてみてください。

そして、慣れてきたという実感を得たら、「スリー・グッド・シングス」の内容に追加して、未来に起こしたいワクワクするような体験や自分なりの発見を妄想して、1つだけ書いてみましょう。

たとえば、「明日は必ず営業で契約が1件とれる」「明日は新しい出逢いがある」「明日は子どもと楽しい時間を過ごせる」などと書いてみてください。

そうやって一定期間書き続けていくうち「朝早めに家を出ると、ラッキーな展開が多い気がする」「営業に行った先の駅でぐるっとひと回り散歩すると、新しい経験が増える」「○○さんと一緒にいると、本気で笑える瞬間がたくさんある」といった変化にも気づきます。すべての行動がポジティブに肯定的になっていくのです。

すると、それが1日、1日と期待感を高め、**あなたの脳は「グッド・シングス」を探すようになっていきます。**

たとえば以前は「自分にはいいことが起きない、楽しみがない」という潜在的な思考も、「自分にはいいことが起きるはずで、それを楽しみにしている」というものへと、書き換えがおこなわれるのです。

それはまさに、「私はツイてる!」というアファメーションが日常化している状態です。自己決定感や自己有用感が高まり、「自己肯定感の木」が育っていきます。

「スリー・グッド・シングス」と同じような効果をもたらすものに、自分を褒める「褒め日記」もあります。こちらは1冊の日記帳に、自分を褒める言葉を記していくもの。

どちらの方法でもかまいません。自分にアファメーションをかける習慣が、あなたを変えます。

自己成長のトレーニング

2

「冒険ノート」

――ピグマリオン効果で自己肯定感を育てる

チャレンジすることが楽しい自分になっていく

私たちは、周囲の人から信頼されたとき、「その信頼に応えたい」「信頼してくれた人に報いたい」という気持ちになり、実際に行動に移すという心理があります。

こうした人間の行動原理を心理学的に証明したのが、アメリカの教育心理学者であるロバート・ローゼンタールです。

彼は**「人は期待されると、その気持ちに応えるような行動をとりやすくなる」**という心理を論文にまとめ、「ピグマリオン効果」と名づけました。以来、ピグマリオン効果は期待と行動と成果に関する基本的な仕組みとして、今も教育やビジネスの現場で活用されています。

そして、この**ピグマリオン効果は自分自身にかけることもできる**のです。

あなたがあなたを信頼することで、自分自身の信頼に報いたいと行動を起こせるようになるのです。

ポイントは、日常のなかにベビーステップとなる、小さな冒険を組み込むこと。

たとえば、ランチに行くとき、ネットの情報を見ずに、自分の直感に頼って知らない店に入ってみましょう。もし、同僚と一緒に行ったことのある店に入ることになったら、これまで頼んだことがないメニューを頼んでみます。

小さくてもいいので、とにかく新しい冒険にチャレンジするのです。そして、その冒険があなたにとっていい結果だったときだけ、やった内容と感じたことをノートに記録していきます。

「ふらっと入ったお寿司屋さんのランチが絶品だった。ディナータイムに白木のカウンターで板前さんと向き合う勇気はないけど、ランチなら高くても数千円。これからは高級店も攻めてみたいと思った」など。

すでに紹介した「スリー・グッド・シングス」にも似ていますが、こちらは毎日綴る必要はありません。あなたが具体的に起こした行動にフォーカスして、良い感じが残ったときだけノートにまとめましょう。

または、あなたの手帳に、冒険の成功ペンはこの色と決めて書いたり、書いたことに冒険の成功シールを貼ってもよいでしょう。

このトレーニングがアファメーションとして効果的なのは、やればやるほどノートに冒険の成功事例が残っていくことです。

「冒険するといいことが起こる、成功する」という経験の蓄積によって自己決定感、自己有用感が高まり、自己肯定感が強くなっていくのです。

あなたも、今から、**セルフ・ピグマリオン効果**を使ってみてください、一歩進むことで、こんなにも人生が変化し、こんなにも新しい発見があると感じるでしょう。そして、「私はできる！　大丈夫！」と思えてくるのです。あなたの自己肯定感は自分で高められるのだと実感できるでしょう。

自己成長のトレーニング

3

「イメトレ文章完成法」

――アファメーションで成功へと導く

ビジョンをあきらかにして目標を達成させるテクニック

3つ目のトレーニングである「イメトレ文章完成法」は、**アファメーションを使って目標を達成する方法を学ぶトレーニング**です。これは、心理学の「投影法」という代表的な心理テストを応用します。

自己肯定感が低下しているときは、自分のビジョンも、自分の長所や強みも、必要な環境についても、見えなかったり、ネガティブに考えてしまい、負のループに陥ってしまいます。

そこで、この「イメトレ文章完成法」によって、感情を整理し、ビジョンを具体化することによって、この文章自体があなたのアファメーションになるのです。

293ページの定型文に穴埋めしていく形で、試してみてください。

この定型文を埋めることで、あなたの持っているビジョンが明確になっていきます。そして、自分には目標があること、そのための強みがあり、味方がいて、達成するためのノウハウを持っていることなどを自覚できます。

また、これを書くこと自体が自分へのアファメーションとなり、モチベーションを高めてくれます。

何か実現したい目標を持つたびに、「イメトレ文章完成法」を試してみてください。目標達成に成功しても、失敗しても、やるべきことを具体化できた感覚が、あなたの自己肯定感を強くしていきます。

いかがですか。**この文章自体があなたの自己肯定感を高めるアファメーションになる**のです。毎日、目を通すとさらに効果がアップするでしょう。

イメトレ文章完成法

目標の設定	私が実現したい目標は 「　　　　　　」です。
メリット	なぜなら、その目標を達成すると 「　　　　　　」だからです。
ブレーキ	しかし、「　　　　　　」が 私の目標を妨げています。
現状把握	そのため、私は今、「　　　　　　」という 状況になっています。
新しい方法	そこで、私は目標に近づくために「　　　　　　」 という新しい方法を試みるつもりです。
コンピテンス	なぜなら、私の強みは「　　　　　　」であり、 それが目標を達成するために役立つと思うからです。
協力者	また、目標に向かうにあたり、 「　　　　　　」さんが協力してくれます。
環境	目標に向かうにあたり、「　　　　　　」という 環境が味方してくれると思います。
ノウハウ	私は目標を達成するために、 「　　　　　　」というノウハウを持っています。
やる気	私は目標を達成するために「　　　　　　」という 方法でやる気を引き出します。
最初の一歩	私は目標を達成するために、 まずは「　　　　　　」から始めます。

サポートトレーニング

「負の感情をコントロールする」3つのマネジメント法

恐れ、不安、自信のなさ…負の感情を乗りこなす

自己肯定感はあなたをとり巻く環境によって高くもなり、低くもなります。これは「自己肯定感の木」を育み、自己肯定感が高まってきた人でも変わりません。

むしろ、少しずつ自分が変わってきたと自信を持ち始めたころこそ、注意が必要です。成長途中の若木が暴風雨で折れてしまうように、自己肯定感が一気に低下することがあります。その原因となっているのが、不安、恐れ、自信のなさといった感情です。

そこで、ここでは**サポートトレーニングとして不安、恐れ、自信のなさといった負**

の感情をコントロールするマネジメント法を紹介していきます。

心理学的にも、不安傾向が高い人、物事をネガティブに考える人は、新たな出来事を受け入れにくくなることがわかっています。

つまり、不安、恐れ、自信のなさを抱えていると行動する回数が減り、結果的に自己肯定感を弱らせる負の自動思考に陥っていくのです。

すると、「やってみてもどうせうまくいかない」「以前も失敗した」など、否定的な現象に目が向くようになります。

そして、そんな後ろ向きの心理状態で強引に何かにチャレンジしても失敗の可能性が高くなり、うまくいかなかったことに対して「思ったとおりだ」「自分はダメだから」とますます自己肯定感を弱くすることになるのです。

しかし、ネガティブな負の感情への対処法を知っておけば、たとえ一時的に心が揺れたとしても、その揺れを小さなところでとどめることが可能です。

これから紹介する3つのテクニックを身につけ、負の感情を乗りこなせるようになりましょう。

「エモーショナル・スケーリング」
――負の感情をおさめる

負の感情は数値化すればコントロールできる

「エモーショナル・スケーリング」は、抱えてしまったネガティブな負の感情をモノサシで測り、感情という数値で表せないものをあえて数値化して表出し、可視化することによって、感情をコントロールするテクニックです。

最初に、「自分がこれまでの人生で経験した最高の不安や恐れ」を思い出しましょう。これが10点満点の10点となり、モノサシの長さになります。

次に、「今、自分が感じている不安や恐れ」は10点満点中何点かと考えていくのです。

不安や恐れを感じているとき、脳内では扁桃体《へんとうたい》と呼ばれる部位が過剰に活性化しています。それが脳科学の研究によると、エモーショナル・スケーリングのような方法で**不安や恐れの感情を数値化、客観視することで、扁桃体の過剰な働きがおさまっていく**ことがわかっています。

もし、あなたが8点、9点をつけるような強い不安や恐れを抱いてしまったら、まず、1点でもいいので下がる方法を考えてみましょう。たとえば、原因となっている事柄から1時間だけ離れてみましょう。

仕事でのミスが原因ならば、思い切ってオフィスを出てサボってしまいましょう。不安や恐れの原因が対人関係にあるなら、対象となっている人と物理的に離れることです。

そして、近くに緑の多い公園などがあるなら、散歩をすることです。それだけで心が落ち着きます。これは脳内でセロトニンが分泌されるからです。

心が落ち着いたら、再びエモーショナル・スケーリングをおこなってみてください。あなたの抱えている不安や恐れは4～5点くらいまで下がっているはずです。

自分で下がる方法を考え実行する。これだけでも、扁桃体の過剰な動きは落ち着きます。

エモーショナル・スケーリングには、過去にあったより大きなネガティブな負の感情を思い出し、「あのときと比べれば」とスケーリングすることで冷静さをとり戻す効果があります。そして、自分の感情をモノサシで測ることで、ネガティブな負の感情を手放すきっかけをつかむことができるのです。

そして、あなたは、自分のネガティブな負の感情は自分でコントロールすることができる、と知るでしょう。これはあなたの人生にとって大いなる発見と自信につながります。

どんなことがあっても、感情に邪魔されず振り回されずに、自己肯定感を高めることができるようになるのです。

負の感情を
コントロールする
マネジメント法
2

「脱フュージョン」
――ネガティブな感情を遠ざける

不安な感情を切り離す心理療法テクニック

不安を遠ざける方法として、心理療法の現場で使われているのが「脱フュージョン」というテクニックです。そもそもフュージョンとは「融合」「混ざり合う」といった意味。そこに「脱」を付けた「脱フュージョン」は、**混ざり合った私たちの感情から負の感情を切り離す効果**があります。

たとえば、TOEICで高得点をとるという目標のため、勉強の計画を立てていたのに実行したのは最初の3日間だけ。次第にテキストすら開かなくなってしまい、

「自分は最低だ」と落ち込んでいるとしましょう。

感じている負の感情をそのままにしていると、「自分は最低だ」から「勉強が続かないくらいだから、試験を受けても受かるはずがない」「いっそTOEICを受けるのをやめてしまおうか」と負の自動思考が始まります。

そんなとき、役立てたいのが脱フュージョンです。やり方は複数ありますが、ここでは2つの方法を紹介します。

1つ目は「俺は最低だ」と声に出しながら、手放していく方法です。ステップは3つです。

1■「俺は最低だ」と小さな声で口に出します。

2■続いて、「俺は最低だ」と頭の中で繰り返し、その後すぐに「……と思った」と頭のなかで付け加えましょう。

3■最後に「俺は最低だ」と小さな声で口に出し、その後すぐに「……と思ったことに気づいている」と付け加えて言うのです。

これで、『俺は最低だ』と思ったことに気づいている」となります。これで負の感情と距離がとれるようになり、負の自動思考に陥りにくくなるのです。

このやり方を、歩きながら、料理や掃除をしながらおこなうのが2つ目の方法です。何かをしながら、「俺は最低だ」というフレーズを、言うのです。そしてすぐ、『俺は最低だ』と思ったことに気づいている」と続けて言います。歩きながら、違う動作をしながら楽しみながらおこなっていくのがポイントです。

すると、ネガティブな負の感情と距離がとれるようになり、負の自動思考に陥りにくくなるだけでなく、冷静さをとり戻し、客観的になることができます。

そして、**どんなに強いネガティブな負の感情も口に出してしまえば、単なる言葉に過ぎないことに気づくことができる**のです。

こうして、ネガティブな負の感情が襲ってきても、自分のことを守り続けていくことができるのです。

負の感情を
コントロールする
マネジメント法
3

「ポジション・チェンジ」
――不安や怖れをとり除く

不安や恐れは客観視すれば遠のいていく

自己肯定感を高めるトレーニング中も、私たちは日常生活を送っています。ですから、上司から叱責《しっせき》を受けたり、パートナーと喧嘩したり、子どもがいざこざに巻き込まれたり、何かとネガティブな負の感情に襲われるのは避けることができません。

そういう、ネガティブな負の感情が心に広がったとき、大海原をイメージしてください。ネガティブな負の感情を赤いインクだとして、それを水に垂らしたとしましょう。ペットボトルのミネラルウォーターに垂らしたとしたら、ボトルのなかの水は赤く染まってしまいます。でも、大海原であれば、何滴、何十滴垂らそうと水の色は変わりません。

そう考えたら、今、自分の感じているネガティブな負の感情はたいしたことのないものなのではないか、と思えるようになります。こんなふうに**ネガティブな負の感情への見方を変えるテクニックを「ポジション・チェンジ」**と言います。

たとえば、あなたがカフェでコーヒーを飲んでいるとしましょう。そのとき、ふと上司から叱責された場面を思い出しました。厳しい指摘を受け、自分の仕事の仕方に不安を感じています。そして、上司からまた叱られるのではないかという恐れも抱いています。

そんなときこそ、身の回りのものを使ってネガティブな負の感情をポジション・チェンジさせましょう。たとえば、

「コーヒーカップを上司」

「スマホをあなた」

とします。そして、コーヒーカップの立場からスマホを眺めるのです。

つまり、上司がなぜ、あなたを叱責したのか。上司の立場から考えてみます。叱責するのにもエネルギーが要ります。時間も要します。それでも上司はあなたを叱りました。なぜでしょう?

ポジション・チェンジしてみると、上司の叱責の裏にある愛情や期待が見えてきました。だとしたら、深刻になるよりも前向きに受け止めて、次に生かすのがより良い選択となるはず……。

こうして、何か近くにあるもので、**問題を擬人化して、自分とその問題を眺めてみるのです。一瞬で自分の色メガネを外すことができます。**そして、冷静になり、相手や出来事が起きた意味を考える冷静さをとり戻すことができるのです。

心理学では、さまざまな難しいポジション・チェンジのテクニックがありますが、こうして身近で使えてすぐにできることが大事です。

ぜひ、ネガティブな負の感情を呼び起こす出来事が起きたら、おこなってみてください。

エピローグ

本書をお読みいただき、ありがとうございました。
自己肯定感があれば、

すべての思考が変わり、
すべての感情が変わり、
すべての行動が変わり、
すべての習慣が変わり、
すべての出来事が変わり、
すべての出逢いが変わり
すべての結果が変わります。

つまり、

自己肯定感を持つだけで元気に明るくなります。

元気に明るくなれば、勝手に気が高まります。

気が高まれば、勝手に気の良い人が集まります。

気の良い人が集まれば、勝手に幸せが舞い込んできます。

幸せが舞い込めば、勝手に人生も仕事も成功しちゃっています。


あれこれ考えずにシンプルに。

自己肯定感が高まる技術を手に入れる→コツを習慣化する→すべてがいつのまにかうまくいっている→すべて思い通りの人生になっている。

そんな良い循環を手に入れてください。

みなさんの心のなかに、

「自分は何があっても大丈夫。」

そんな輝きがずっと続きますように。

中島　輝

中島輝　なかしま・てる

自己肯定感の第一人者/心理カウンセラー/作家/トリエ代表。5歳で里親の夜逃げという喪失体験をし、9歳ごろから、HSP、双極性障害、パニック障害、統合失調症、強迫性障害、不安神経症、潰瘍性大腸炎、斜視、過呼吸、認知症、円形脱毛症に苦しむ。25歳で背負った巨額の借金がきっかけでパニック障害と過呼吸発作が悪化。10年間実家に引きこもりつつ、代表取締役としてグループ会社を運営。自殺未遂を繰り返すような困難な精神状況のなか、独学で学んだセラピー・カウンセリング・コーチングを実践し続ける。10年後、「恩師の死」がきっかけとなり35歳で克服。その後、30年間の人体実験と独学で習得した技法を用いたカウンセリングとコーチングを24時間365日10年間実践。自殺未遂の現場にも立ち会うような重度の方、Jリーガー、上場企業の経営者など15,000名を超えるクライアントにカウンセリングを行い、回復率95%、6ヵ月800人以上の予約待ちに。「奇跡の心理カウンセラー」と呼ばれ上場企業の研修オファーも殺到。現在は、ニューライフスタイルを提案する資格認定団体「トリエ」(旧国際コミュニティセラピスト協会、他5団体)を主催し120以上のオリジナル講座を開発。新しい生き方を探求する「輝塾」、好きを仕事にする起業塾「The・DIAMOND」を主催し、週末の講座は毎回即満席となっている。また、自己肯定感を高めれば、人生・仕事・人間関係・恋愛・健康・子育てが好転する「ナチュラル心理学」を提唱し、2020年までに3000人のティーチャー育成を目標にし、2021年までに世界3カ国に拡大する予定で活動中。2018年に開発したHSPカウンセラー資格講座を含め3000人以上の受講生を指導する。ツイッターフォロワー3万人、インスタグラムフォロワー3万人。ラインブログは文化人8位とSNSでも話題沸騰中。著書に、『大丈夫。そのつらい日々も光になる。』(PHP研究所)、『エマソン　自分を信じ抜く100の言葉』(朝日新聞出版)などがある。

「趣味・資格・副業、取り柄を活かすならトリエ」
https://toriestyle.com

「中島輝オフィシャルサイト」
https://www.teru-nakashima.com

「毎朝30秒。

自己肯定感がぐんぐん高まる365日メルマガ」

https://1lejend.com/stepmail/kd.php?no=JqOglmqy

何があっても「大丈夫。」と思えるようになる自己肯定感の教科書
2019年 2 月27日　初版第 1 刷発行
2021年 7 月 4 日　初版第22刷発行

著　者　　中島輝
発行者　　小川 淳
発行所　　SBクリエイティブ株式会社
〒106-0032　東京都港区六本木2-4-5
電話　03-5549-1201(営業部)

ブックデザイン　小口翔平+喜來詩織(tobufune)
編集協力　佐口賢作
イラスト　金井 淳
DTP・図版　荒木香樹
校正　新田光敏
自己肯定感体操監修　奥野僚右
動画撮影・音声収録　伊藤孝一(SBクリエイティブ)
サンクスメンバー　E.Y、池松聡亮、松山淳司、外崎小百合、成海舞乙、香月映美、鈴木智子、田中託也
コーディネーター　久保田知子(コミュニケーションデザイン)
編集　杉本かの子(SBクリエイティブ)
印刷・製本　三松堂株式会社
　ISBN 978-4-7973-9924-0

付録

切りとり式「自己肯定感ワークシート」

――見るだけでパッと高まる

自己肯定感が下がってしまったら、一刻も早く自己肯定感を高めたい。本を開くのももどかしい。そんなときもあると思います。

そこで、切りとり式の「自己肯定感ワークシート」をご用意しました。ぜひ、切りとり線で切りとり、手帳に挟んだり、壁に貼るなどして活用してください。いつでもどこでも目に触れるところにあれば、潜在意識から自己肯定感が高まっていきます。

裏面にはなぜ高まるのかの理由も記載しました。理由もセットにしてよく眺めていれば、さらに潜在意識に働きかけます。

「自己肯定感チェックシート」（74ページ）で下がっている〝感〟のワークをするもよし、カードゲームのようにその日の気分で1枚引いて、そのワークをおこなうもよし。大切なのは楽しむこと。さあ、今日も必ずいいことがありますよ！

キリトリ線

自尊感情ワークシート

鏡に向かって大丈夫

1

自分に「○」

2

太陽の光を浴びる

3

セルフハグ

4

キリトリ線

キリトリ線

1 鏡に向かって大丈夫

ポジティブな肯定語を鏡のなかの自分に言うことは、効果的なアファメーションになります。アファメーションは潜在意識へと働きかける脳科学のテクニック。「大丈夫、うまくいく!」「今日もいい感じ!」など、どんどんポジティブな言葉をかけてあげてくださいね。

2 自分に「○」

講座でよく「自分に○をつける」と言ったときと「自分に×をつける」と言ったときの違いを知る実験をしています。「○をつける」では押してもビクとも動かないのに、「×をつける」だと簡単に動いてしまう。それほど、自分に○をつけることは大切なのです。

3 太陽の光を浴びる

私たち人間は体の機能をサーカディアンリズムという内なる時計でコントロールしています。太陽の光を見ると、私たちの体は自然と活発になり、幸福ホルモンと言われるセロトニンも生成されます。ポジティブな心と体で1日を過ごすことができるようになるのです。

4 セルフハグ

幸福ホルモンは、自分で刺激することでつくり出すことができます。その方法の1つがセルフハグ。深呼吸と同じ8秒間のセルフハグで心が落ち着き、ホルモンも分泌され、人にも自分にも優しくなれます。イライラしたとき不安なとき自分を抱きしめてあげましょう。

キリトリ線

キリトリ線

自己受容感ワークシート

10秒瞑想（目を隠す）

5

おやつを食べる

6

安心、楽しい、大丈夫。

7

首と腰にホッカイロ

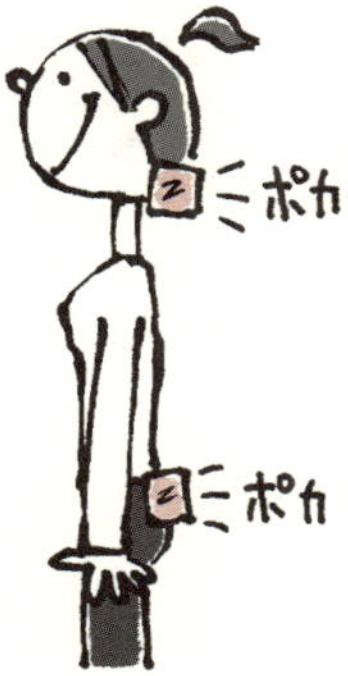

8

キリトリ線

キリトリ線

5

10秒瞑想（目を隠す）

さまざまな効果が実証されている瞑想は、たった10秒でもできるのです。眉を押さえて心拍数を下げるツボを押します。首と腰を曲げると、首にある延髄と腰にある仙骨を刺激し、リラックスをつかさどる副交感神経が優位になります。穏やかな気持ちになりますよ。

6

おやつを食べる

ストレスを緩和させるセロトニン。そのセロトニンを不足させないためにおすすめなのが、好きなものを食べること。好きなものは満腹中枢と口唇欲求を満たし、心を落ち着かせ自己受容感を回復してくれます。スキマ時間に自分に小さなプレゼントを贈りましょう。

7

安心、楽しい、大丈夫。

日ごろからポジティブな言葉を使うことは効果的なアファメーションです。口ぐせのように習慣化すれば、潜在意識に届きます。安心、楽しい、大丈夫。と自分に伝えてください。「安心、安心♪　楽しい、楽しい♪　大丈夫、大丈夫♪」とリズムよく言いましょう。

8

首と腰にホッカイロ

首にある延髄と腰にある仙骨を刺激すると、リラックスをつかさどる副交感神経が優位になります。寒い日はぜひそこをホッカイロで温めてみてください。また、赤ちゃんが泣きやまないというときは首の後ろをなでてあげてください。驚くほど効果がありますよ。

キリトリ線

キリトリ線

自己効力感ワークシート

笑顔をつくる

9

ヤッター!

10

散歩する

11

深呼吸

12

キリトリ線

キリトリ線

9

笑顔をつくる

笑顔に似た表情をつくるとドーパミンが活性化することが脳科学で明らかになっています。つまり楽しくなくても、笑顔をつくれば楽しくなるのです。そして笑顔は感染します。笑顔は自分もまわりの人も幸せにしてくれる特効薬。使わない手はないですね!

10

ヤッター!

両手をにぎり上に突き上げ、伸びをする「ヤッター!」のポーズ。このポーズには脳科学的にポジティブになる効果があります。胸を張ることでテストステロンが増え、やる気が出る。そしてポジティブなヤッターという言葉がいいアファメーションになるのです。

11

散歩する

人は歩くと脳からセロトニンが分泌され、爽快感を生み出します。また歩いて場所を移動させることで、体だけでなく凝り固まっていた心がほぐれていくのです。散歩をしながら緑や風景を眺めれば、目の疲れもとれ、気持ちがどんどん軽やかになっていきますよ!

12

深呼吸

人は不安になると、息がしづらくなったりするもの。呼吸が浅くなると、十分に酸素をとり込むことができません。脳にも酸素が回らなくなり、余計にネガティブな思いが強まってしまいます。そこで深呼吸。ネガティブがよぎったら深呼吸を習慣にしてください。

キリトリ線

自己信頼感ワークシート

キリトリ線

部屋の空気を入れかえ

13

胸を張る

14

もう、や～めた!

15

パン! と手を叩く

16

キリトリ線

キリトリ線

13

部屋の空気を入れかえ

心と体は密接につながっているもの。部屋の空気が動かずに停滞すると、心も停滞してしまいます。だから心のためにも換気は大切。とくに朝起きてすぐに窓をあけると、太陽の光の効果でよりポジティブに。朝起きたら部屋の空気を入れかえる習慣づけをぜひ。

14

胸を張る

コロンビア大学の研究で、胸を張った姿勢をとるとテストステロンが高くなり、逆にストレスホルモンであるコルチゾールは減少するということが確認されました。胸を張ると、ストレスが緩和され、やる気が出るのです。仕事中にもぜひおすすめです。

15

もう、や～めた！

これは講座の受講生のみなさんによく使ってもらい効果のあるテクニックです。悩みや不安で頭のなかがいっぱいのとき、もう悩むのも不安になるのも、やめたと言葉で脳に伝えるのです。たとえ悩みや不安が消えてなくても、脳が勝手にやめる方向に進んでくれます。

16

パン！ と手を叩く

人は区切りがないとダラダラと続けてしまうもの。過去の悔しい思いや未来への不安、妄想が頭の中に充満し、なかなか抜けられない。そんなとき「パン！」と手を叩いてみてください。一気に「今、ここ」に戻ることができ、思考を切り替えることができます。

キリトリ線

キリトリ線

自己決定感ワークシート

サイコロで決める

17

ガムを噛む

18

フカフカの所で寝る

19

ま、いっか。

20

キリトリ線

キリトリ線

17

サイコロで決める

こっちがいいいか、あっちがいいか、なかなか決められない…そんなときは、サイコロで決めてしまいましょう。なかなか決められないということは、どちらでも良いということかもしれません。もしかしたらサイコロで決めようと思った瞬間、決まるかもしれません。

18

ガムを噛む

噛むという行為には、緊張状態を弛緩状態に変えていく効果があります。そういえば、メジャーリーガーもよくガムを噛んで打席に立っていますね。これもリラックス効果を狙ったもの。グミもいいでしょう。カラフルな色味がテンションを上げてくれるはずです。

19

フカフカの所で寝る

解決しなければならない憂鬱なことがあっても夜はあれこれ考えず、フカフカの布団に包まれて、ぬくぬくと眠ってしまいましょう。脳は睡眠中にストレスを解消し、いろんなことを整理してくれる性質があるのです。朝起きたら前向きな気持ちになっているはず。

20

ま、いっか。

これも講座の受講生のみなさんによく使ってもらうテクニックです。何か悩みがあっても、自分に自信がなくても、完璧を目指したくなっても、「ま、いっか。」。どんなことでもつらい気持ちで続ける必要はありません。「ま、いっか。」の言葉が余裕をつくってくれます。

キリトリ線

キリトリ線

自己有用感ワークシート

掃除をする

21

やれる! できる! 大丈夫!

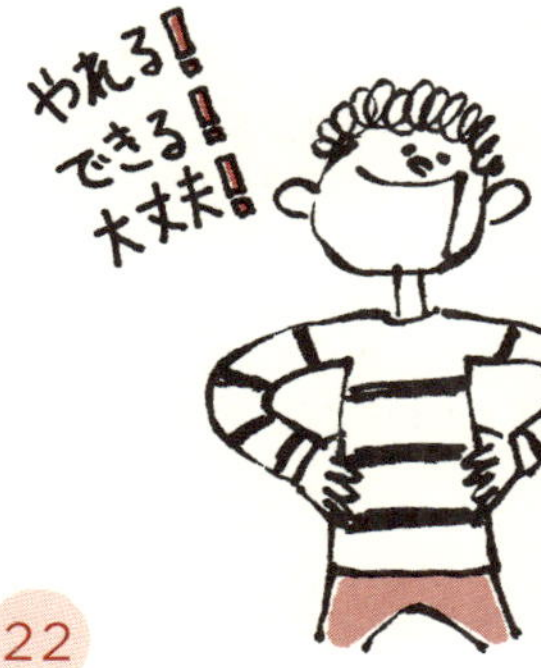

22

花を飾る

23

ペンワーク

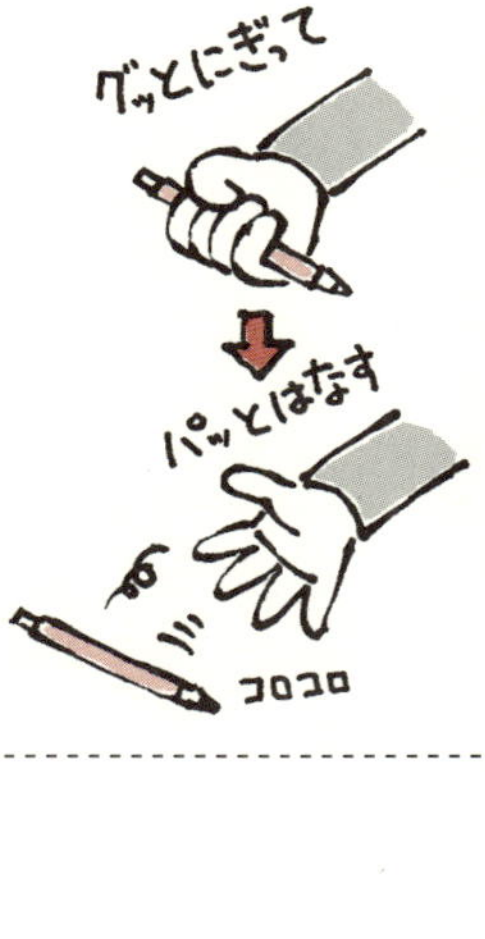

24

キリトリ線

キリトリ線

21
掃除をする

5分でもいいので部屋の掃除をしてみましょう。ポイントはいつも使う場所をきれいにすること。きれいになったのが目で見てわかり、自己有用感が高まります。余裕のある日は模様替えをするのもおすすめ。心が刺激され、生活に新しさが生まれます。

22
やれる! できる! 大丈夫!

アファメーションの言葉としておすすめしている言葉の1つです。テンポのいいフレーズなので、口に出して言いやすいでしょう。自分だけでなく、まわりに人にも合言葉のように伝えてあげてください。みなのモチベーションが上がり、いい循環が生まれます。

23
花を飾る

花はそこにあるだけで、「快」の気持ちをつくってくれます。花の可憐さ、美しさがあなたの自己有用感をスーッと高めてくれるのです。とくにおすすめなのが、鏡の前に飾ること。自分の顔を鏡で見るとき花があると、より肯定的に自分をとらえることができるのです。

24
ペンワーク

怒りや不安を解消するテクニックです。ペンに怒りや不安をぶつけるように、全力でペンを握りしめます。5秒ほど握りしめたら、手を緩め、嫌な感情と一緒に手放すイメージでペンを転がします。怒りや不安が自分の手から離れ、スッキリした気分になれるはずです。

キリトリ線